editorial Sol90

图说人类文明史
加洛林王朝

西班牙 Sol90 出版公司 编著

同文世纪 组译　赵健名 译

中国农业出版社
农村读物出版社

北　京

图书在版编目（CIP）数据

图说人类文明史. 加洛林王朝 / 西班牙Sol90出版公
司编著；同文世纪组译；赵健名译. —— 北京：中国农
业出版社，2024.9
  ISBN 978-7-109-28581-1

  Ⅰ. ①图… Ⅱ. ①西… ②同… ③赵… Ⅲ. ①加洛林
王朝－文化史 Ⅳ. ①K12

中国版本图书馆CIP数据核字(2021)第148161号

GRANDES CIVILIZACIONES DE LA HISTORIA

Imperio Carolingio

First edition © 2008, Editorial Sol90, Barcelona
This edition © 2020, Editorial Sol90, Barcelona, granted in exclusively to China Agricultrue Press for its edition in China.
www.sol90.com

Author: Editorial Sol90

Based on an idea of Daniel Gimeno
Editorial Management Daniel Gimeno
Art Direction Fabián Cassán
Editors 2019 Edition Joan Soriano, Alberto Hernández
Writers Juan Contreras, Gabriel Rot
Research and Images Production Virginia Iris Fernández
Proofreading Edgardo D'Elio
Producer Marta Kordon
Layout Luis Allocati, Mario Sapienza
Images Treatment Cósima Aballe
Photography Corbis, Science Photo Library, Getty, Sol90images
Illustrations Dante Ginevra, Trebol Animation, Urbanoica Studio, IMK3D, 3DN, Plasma Studio, all commisioned specially for this work by Editorial Sol90.
www.sol90images.com

图说人类文明史

加洛林王朝

First edition © 2008, Editorial Sol90, Barcelona
This edition © 2020, Editorial Sol90, Barcelona, granted in exclusively to China Agricultrue Press for its edition in China.
All Rights Reserved.
本书简体中文版由西班牙Sol90出版公司授权中国农业出版社有限公司于2023年翻译出版发行。
本书内容的任何部分，事先未经版权持有人和出版者书面许可，不得以任何方式复制或刊载。
著作权合同登记号：图字01-2020-4878 号

中国农业出版社出版
地址：北京市朝阳区麦子店街18号楼
邮编：100125
项目策划：张志 刘彦博 责任编辑：马英连 责任校对：吴丽婷 责任印制：王宏
翻译：同文世纪 组译 赵健名 译 审定：温朦朦 丛书复审定：刘林海 封面设计制作：张磊 内文设计制作：田晓宁
印刷：鸿博昊天科技有限公司
版次：2024年9月第1版
印次：2024年9月北京第1次印刷
发行：新华书店北京发行所
开本：889mm×1194mm 1/16
印张：6
字数：200千字
定价：98.00元

图说人类文明史

加洛林王朝

目　录

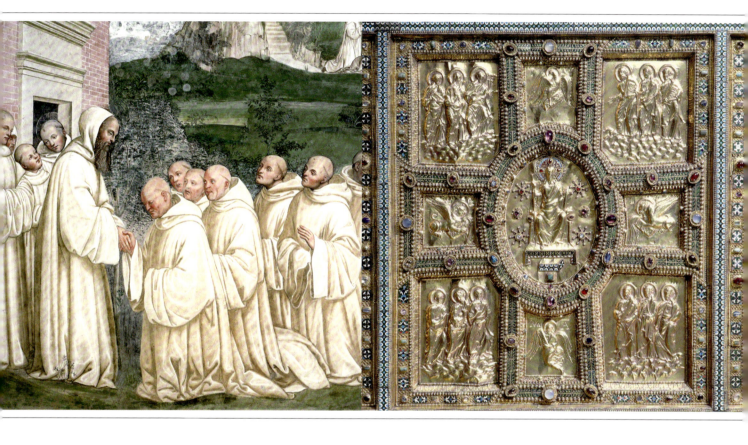

前言：查理大帝的丰功伟绩

查理大帝的宝座（下图）是加洛林王朝皇权的象征，无论皇帝身处何处，都能彰显其君临天下的权威。

　　8世纪初，起源于墨洛温王朝的法兰克王国一分为三：奥斯特拉西亚、纽斯特里亚和勃艮第，而其实际的掌权者却是宫廷总管宫相。其中，奥斯特拉西亚的宫相丕平二世（Pipino Ⅱ）废黜了国王希尔德里克三世（Childerico Ⅲ，743-751），在苏瓦松登基为王。丕平二世的孙子丕平三世（Pipino Ⅲ）想借助君权神授为其正名，且此时的罗马教皇扎迦利（Zacarías）正受到伦巴第人在意大利半岛的侵扰，急需强有力的支持，于是双方一拍即合，一个新王朝就这样诞生了。新王朝在教皇的支持下逐步巩固并强化它的权威，作为交换，新王朝也成为罗马教会的保护国。

　　在军事和政治层面，丕平三世击败了试图穿越比利牛斯山向法兰克王国进军的穆斯林军队，并成功镇压了阿基坦的叛乱。同时，为了巩固和罗马教会的联盟，他创建了教皇国，凭借教皇国取悦教皇。

　　768年，丕平三世在临死之际将王国分给了两个儿子：查理曼（Carlos）和卡洛曼一世（Carlomán Ⅰ）。卡洛曼一世于771年逝世，之后查理曼重新统一了法兰克王国。此时的法兰克王国已经包括纽斯特里亚、奥斯特拉西亚、阿基坦、勃艮第和普罗旺斯。在此之后，查理曼——即查理大帝（768-814）——开始扩张王国版图。为此，他发起了一系列的军事行动，其中主要的成果之一就是征服了伦巴第人。774年，教皇加冕查理大帝为法兰克王国和伦巴第王国的国王。796年，查理曼摧毁了阿瓦尔王国，并使萨克森人和弗里西亚人改信基督教。然而，在他试图到达埃布罗河并占领萨拉戈萨时，却被穆斯林阻挡在了比利牛斯山的另一边。

在统治了各个城镇之后，查理曼将王国边界扩展至东部的厄尔巴河及东南部的西班牙边区。最后，在800年的圣诞节，教皇利奥三世（León III）为其加冕，授予其"罗马人的皇帝"称号，进而承认加洛林王朝为西罗马帝国的继承者，同时也是天主教实际上的保护者，而教皇则成为其精神领袖。

在文化方面，查理大帝推行加洛林文艺复兴运动，以期恢复罗马时期的繁荣。最初的措施之一是在帝国境内建立统一的文字——加洛林小写体，这就使文化和思想的传播更为便利。此外，他还设立了拥有大量修道院和教堂的教区，作为向各民族传播基督教的基地。他还在领土内实行宗教化管理，创办学校和图书馆，将其作为推动文化和教育的中心。

教皇利奥三世为查理大帝加冕，授予其"罗马人的皇帝"称号时所用的皇冠。

概述： 王朝疆域

　　加洛林文化萌芽和发展的舞台是西欧，正是在那里，西罗马帝国和日耳曼民族间的历史产生了巨大的"地质断层"，日耳曼民族如潮水般涌向西罗马。罗马人称罗马帝国之外的人为"蛮族"，法兰克人就是其中之一。法兰克他们设法与罗马教会建立了稳固的联盟，通过天主教奠定了加洛林王朝的基础。◆

征服、吞并和基督教化

　　查理大帝，这位加洛林王朝的创立者，极力遏制当时其他两个强国——拜占庭帝国和阿拉伯帝国，这也使查理大帝的统治不得不长期处于战争之中。正如他对待盎格鲁-撒克逊部落一样，他采用征服、吞并和基督教化的政策。上图为英格兰东萨塞克斯郡的波定堡。

一个艰难的延续

　　推动加洛林王朝建立的力量之一就是坚信新王朝为西罗马帝国的延续。从这个意义上说，王朝的建立大业被解读为重建西罗马帝国。因此，"西方文化"的概念即使在今天也与亚琛（Aquisgrán）的创新精神紧密相连。现如今的欧盟援引查理大帝这个杰出人物，并以亚琛为参照，并非毫无根据。在当时，如果声称自己是罗马帝国的继任者的话，也就是将自己置于古典希腊时期延续者的位置上，至少在统治者的想象中是这样的。从这个方面来讲，历史学家将加洛林文艺复兴视为意大利文艺复兴的前身。右图为比萨洗礼堂讲道坛的局部，尼古拉·皮萨诺（Nicola Pisano）作品。

大 西 洋

北 海

盎格鲁—撒克逊人

兰斯

巴黎

图尔

普瓦提埃

西哥特人

加洛林王朝

经济复苏

　　加洛林王朝在西欧建立时饱受经济衰退的影响。当时的土地产出严重不足，也没有足够的粮食储备。因此，查理曼帝国统治下的各族人民饱受饥饿和流行病的威胁。下图为加洛林王朝的货币，上面刻有基督受难像。

拉韦纳

教皇国

罗马

巴第

亚得里亚海

中海

贵族的出现

　　西罗马帝国的灭亡和加洛林王朝的崛起为封建主义开辟了道路。随着日耳曼人的入侵，生活在帝国边境的古罗马贵族阶层开始分崩瓦解，最终形成了一个个独立自治的贵族地方封建庄园。查理大帝整合了这些新兴的社会形式，使其变成加洛林王朝的一部分，并重新划分了等级和秩序。右图为法国拉拉特堡。

历史和社会组织

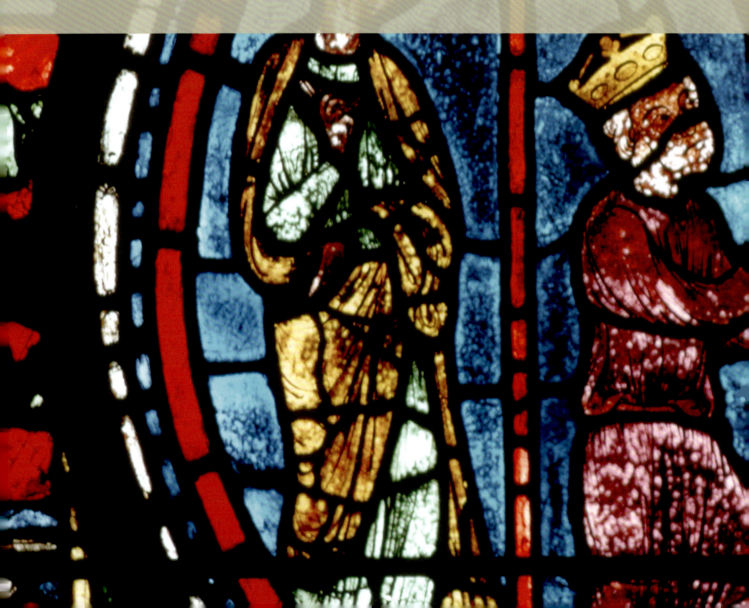

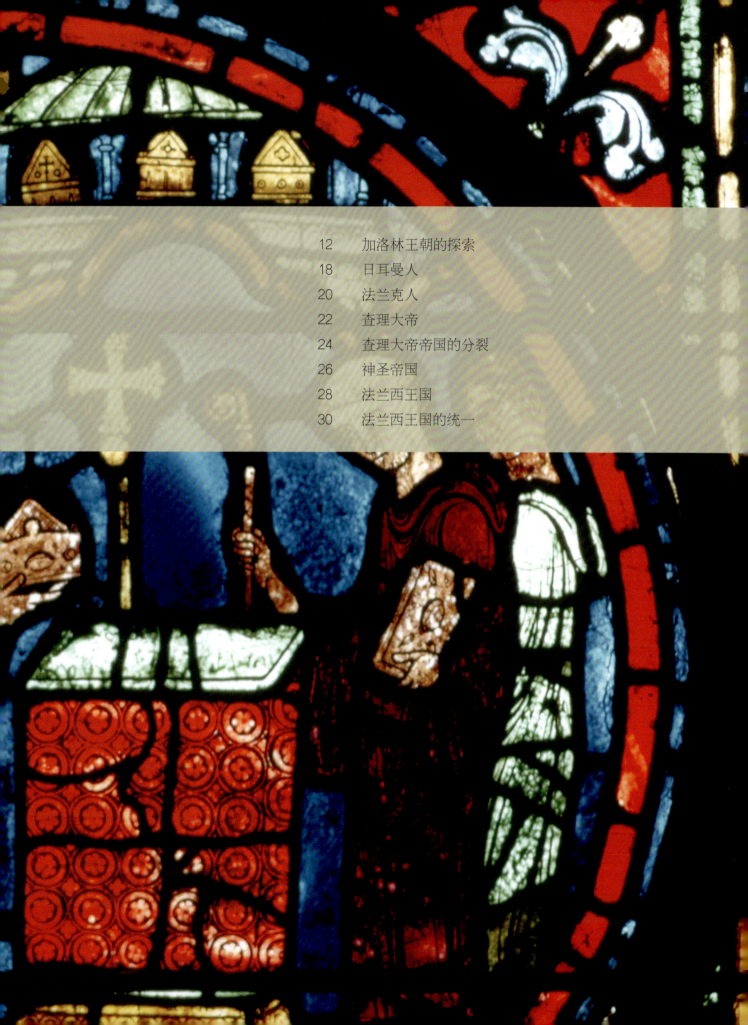

历史和社会组织

加洛林王朝的探索

在 亚历山大·塞维鲁（Alejandro Severo）被自己的士兵谋杀之后，罗马帝国于235年陷入了不可逆转的衰落危机之中。政权不断更迭，意大利半岛和中欧、西欧多地出现了许多新兴的政治实体。当时的经济生活面临着社会不稳定、农业生产停滞、交通运输困难、货币贬值以及商贸破产的局面。

奴隶劳动力曾一直是罗马经济的基础，但自3世纪以来，基督教的影响和连年战争造成了劳动力匮乏。而对起义的恐惧以及奴隶不断尝试逃跑和反抗，迫使奴隶主必须采取新的社会劳作形式。很多奴隶主开始释放奴隶，租给他们一块土地，奴隶主获得土地产出的部分产品，于是就出现了一种新型生产模式：隶农制。

封建制的起源

这种转变进程在加速进行。很多自由农民无法支付租金，也不能阻止自己的土地产出被掠夺，于是便放弃了他们的土地，到乡村的大庄园主那里寻求庇护。还有很多贫苦的城市居民搬到农村，变成了隶农。

随着隶农制和社会乡村化的出现，一种分化更加显著的新的社会结构形成了。金字塔的顶端是大庄园主，除了大片土地和带有围墙的庄园，他们还拥有自己的军队，在其拥有的土地上征税。在他们之下分别是贫苦的自由农民、隶农和奴隶。经济和社会进程的轮廓逐渐清晰化，在此之后的几个世纪，新的社会秩序逐渐建立起来，那就是封建制。

❖ **帝国的创立者** 查理大帝是使分裂的西罗马帝国走向统一的决定性人物。左图为查理大帝骑马雕塑。

法兰克王国

5世纪初，在亚洲草原匈人部落的压迫下，日耳曼人不得不向欧洲西部迁移，进入罗马帝国。由于缺少军队抵御外侵等原因，罗马帝国的边界开始逐渐收缩。衰败的罗马军团规模越来越小，已不能阻挡西哥特人和汪达尔人对罗马城市的掠夺。入侵者定居在古罗马帝国境内的不同区域，并在那里建立了独立王国。其中最主要的王国之一就是法兰克王国，几个世纪后形成了日耳曼民族神圣罗马帝国。

476年，一位蛮族首领奥多雅克（Odoacro）罢黜了西罗马帝国最后一位皇帝——罗慕路斯·奥古斯都（Rómulo Augústulo），并给东罗马帝国皇帝芝诺（Zenón）送去了帝国的国徽。这样，拜占庭帝国就成为罗马帝国的继承者，地缘政治中心随之向东地中海盆地迁移。

8世纪初，法兰克王国墨洛温王朝全面没落。由于继任者之间的矛盾，法兰克王国被分为三部分：奥斯特拉西亚、纽斯特里亚和勃艮第，而王朝的实际掌权者是宫廷总管宫相。宫相是一个官职的名称，其权力源于复杂的家族联盟和阴谋诡计。

来自奥斯特拉西亚的宫相丕平二世废黜了国王希尔德里克三世（743—751年在位），并在苏瓦松被拥立为王。其孙丕平三世通过与罗马教皇结盟，令自己的加冕合法化。为对抗伦巴第部落在意大利半岛的进攻，教皇扎迦利不得不寻求一个强有力的同盟，于是支持丕平三世建立一个新的王朝，并使新王朝成为罗马教会的守护者。

在政治和军事层面，丕平三世在

❖ **查理大帝**在亚琛的圣台前进献金圣物箱。上图为法国沙特尔大教堂彩色玻璃窗，13世纪作品。

❖ **加洛林王朝的货币**
加洛林王朝的建立恰逢
货币经济的复苏。

对抗穆斯林的斗争中获得了重要胜利，并成功平息了阿基坦的叛乱，与此同时，通过进献土地的方式奠定了教皇国的基础。768年，丕平三世临死之际将王国分给两个儿子：查理曼和卡洛曼一世。

查理曼帝国

771年，卡洛曼一世逝世，这使查理曼，即未来的查理大帝（768—814年在位），重新统一了包括纽斯特里亚、奥斯特拉西亚、阿基坦、勃艮第和普罗旺斯在内的整个法兰克王国，并开始了长期的征服行动。774年，查理大帝镇压了伦巴第人在意大利发动的动乱，自称为法兰克王国和伦巴第王国的国王。796年，他又征服了阿瓦尔人。经过30余年的不断征战，他使萨克森人和弗里西亚人改信基督教。他还试图到达伊比利亚半岛的埃布罗河，但未能彻底征服安达卢斯穆斯林统治的疆域。

查理大帝将王国东面和西南方向的边界分别扩展至厄尔巴河和西班牙边境。800年的圣诞节，查理大帝被教皇利奥三世加冕为"罗马人的皇帝"，这就意味着，加洛林王朝成为西罗马帝国的继承者，同时也成为天主教徒实际上的保护者。这样，罗马教会将自己的生存交给了刚刚诞生的加洛林王朝。当时，罗马教会正被位于地中海东部盆地强大

亚琛城

❖❖❖

亚琛城最初是凯尔特人的定居地，后被罗马人征服。但最重要的是，这里曾经是查理帝国的首都。查理大帝在这里出生，在这里建立他的统治，并将这座城市变为当时最重要的文化中心。历史学家将亚琛视为加洛林文艺复兴的摇篮。如果仔细关注历史就会发现：自813年至1531年，日耳曼民族神圣罗马帝国的32位皇帝都是在亚琛加冕的，这座城市的重要性不言而喻。1353年，亚琛市政厅就是在查理大帝宫殿的废墟上建立起来的。

亚琛大教堂的圣坛于12世纪开始修建，14世纪完工。大教堂中保存了查理大帝的宝座和黄金圣物箱。1978年，联合国教科文组织将其列入《世界遗产名录》。

的拜占庭帝国所包围，同时又面临着西地中海盆地和伊比利亚半岛上强大的阿拉伯帝国的进军，加洛林王朝的出现成为制衡其他两个帝国的砝码。根据新的地缘政治态势，查理大帝推动失落的罗马精神走向复兴，从而开启了"加洛林文艺复兴运动"。查理大帝开始大量修

❖ **圣女贞德**作为法国人民的英雄被载入史册。左图为伊曼纽尔·弗雷米埃（Emmanuel Frémiet）创作的贞德骑马雕塑。

建拥有修道院和教堂的教区，作为各民族信奉基督教的基地。他还在领土内实施宗教规范，创办重要的学校和研究中心，并鼓励翻抄古典时期的众多作品。毫无疑问，这是一场真正的文化革命。

查理大帝推行的重要举措之一就是在帝国境内建立统一的文字：加洛林小写体，为此，许多学者伴其左右悉心辅佐他，如约克郡的阿尔昆（Alcuino）和艾因哈德（Eguinardo）。

继位和分裂

查理大帝的继任者是他的儿子虔诚者路易，或称路易一世（Luis el Piadoso，814—840年在位）。他是阿基坦的国王，曾在801年征服巴塞罗那，并使之成为帝国的西班牙边区。然而，最初的荣耀并没有持续多久，初登皇位的他无力继续帝国的扩张。

路易一世仅在文化艺术方面效仿查理大帝，他热衷文化，痴迷宗教，在其统治时期，艺术运动继续蓬勃发展。他支持建立新的重要的文化中心，如梅茨、图尔或兰斯。然而，这种文化上的努力并不能解决帝国内部各种日益尖锐的矛盾。在其统治后期，三个儿子洛泰尔一世（Lotario I）、阿基坦丕平一世（Pipino I）和日耳曼人路易（Luis）发动武装叛乱。此前，路易一世已经将帝

对查理大帝的描写

❖❖❖

艾因哈德生于约775年，居住在查理大帝的宫廷中。后留在路易一世的宫廷中负责其大儿子洛泰尔的教育。他所著的《查理大帝传》（Vida de Carlomagno）是这样描述这位皇帝的："他高大魁梧，身材匀称，身高是脚长的7倍；头顶呈圆形，眼睛很大，目光炯炯有神；鼻子比普通人稍大，头发是美丽的金黄色；他看起来开朗友善，和蔼可亲；他的仪容端庄威严，嗓音清澈洪亮，浑身散发出的男子汉气概引人注目；……他的腰间总佩戴着剑柄用金或银制成的宝剑；在盛大的典礼仪式上，他会穿着金线织成的礼服、镶宝石的鞋，外罩别着金夹针的斗篷，头戴一顶镶嵌着宝石的金制王冠。"

国分给这三个儿子，但不久之后又提出重新划分，想给另一个妻子的儿子秃头查理（Carlos）一块土地。洛泰尔、阿基坦丕平和日耳曼人路易极力反对同父异母的弟弟参与划分领土。

继任者之间的纷争威胁到了帝国的统一，但阿基坦丕平一世的去世改变了当时的局面。根据843年签订的《凡尔登条约》（Tratado de Verdún），加洛林王朝最终被剩下的三位王位继承人所瓜分：洛泰尔一世继承中部领土（即洛泰尔王国），日耳曼人路易得到东部领土，秃头查理占据西部领土。

随着洛泰尔一世于855年去世，帝国的分裂愈演愈烈。洛泰尔在他的遗嘱

中将洛泰尔王国分给了他的儿子查理一世（Carlos I）、洛泰尔二世（Lotario II）和路易二世（Luis II）。然而，查理一世和洛泰尔二世不久后就去世了。路易二世于869年成为加洛林王国的新继承人，但他的叔叔日耳曼人路易和秃头查理表示反对。秃头查理很快自称洛泰尔王国的国王，但最终不得不接受870年签订的《墨尔森条约》（Tratado de Meersen），与日耳曼人路易分割领土。战无不胜的维京人的屡次入侵加速了加洛林王朝的衰落。

❖ **军事和政治诡计** 查理大帝的能力不仅包括其军事实力，而且体现在政治上的精明，因此，他能建立牢固的联盟。右图为加洛林王朝的矛头。

❖ **盎格鲁－撒克逊人**　加洛林王朝时期，盎格鲁－撒克逊人控制着不列颠。下图为盎格鲁－撒克逊人的国王哈罗德（Haroldo）的加冕仪式。

尽管帝国不断分裂，但加洛林王朝的继任者仍将权力维持至10世纪。在东部，孩童路易（Luis el Niño）于911年去世后，法兰克尼亚的康拉德一世（Conrado）被选为国王，在他之后便是奥托王朝（萨克森王朝）的创立者亨利一世（Enrique I）。与此同时，在西部，加洛林王朝的后裔将帝国维系至987年，直到卡佩王朝在这一年建立。

在加洛林王朝创立和衰落之后，神圣罗马帝国建立了。它主要是中欧国家的政治联盟。不可思议的是，这个政治联盟自中世纪一直存续至近现代。神圣罗马帝国正式建立于962年，它起源于从查理曼帝国分裂出来的东部地区。自那时起，神圣帝国作为在中欧占据统治地位的政治实体延续了将近一千年，直到1806年拿破仑一世（Napoleón I）将其推翻。

在哈布斯堡王朝查理五世（Carlos V）统治时期，除了德意志领土、荷尔斯泰因领土以及里加在内的直到芬兰湾的普鲁士领土，神圣帝国的疆域还包括波希米亚、摩拉维亚和西里西亚，直到亚得里亚海海岸；向西包括勃艮第独立伯爵领地（包括弗朗什－孔泰）和萨伏依，此外还有意大利的热那亚、伦巴第和托斯卡纳。荷兰的大部分地区，除了埃斯科西面的阿图瓦和佛兰德斯，也被囊括在帝国范围之内。从阿尔卑斯山北部出发，南北向或东西向穿越帝国需要整整一个月的时间。哈布斯堡王朝当权时，神圣罗马帝国是西班牙帝国的基础，因其辽阔的疆域，帝国被称为"日不落帝国"。

传奇的朗塞瓦尔峡谷战役

苏莱曼·阿拉比（Sulaymán al-Arabi）起兵反叛阿卜杜·拉赫曼一世（Abderramán I），应苏莱曼的请求，法兰克人的国王查理大帝冒险进入西班牙。查理大帝想通过支持起义的方式换取萨拉戈萨城。在行军的过程中，查理大帝摧毁了潘普洛纳的城墙。因为苏莱曼拒绝交出萨拉戈萨，查理大帝的计划失败了，他必须通过朗塞瓦尔的比利牛斯山隘口回到自己的国家。

778 年 8 月 15 日，正当他们穿过巴尔卡洛斯隘口时，巴斯克部落攻打由罗兰（Roldán）率领的法兰克军后卫部队，法兰克军后卫部队当时有大约 2 万名士兵。这个历史事件就是《罗兰之歌》（El Cantar de Roldán）传奇故事的由来。《罗兰之歌》讲述了这位英勇的骑士为向在巴尔卡洛斯休整的军队主力发出警报，不惜冒着暴露自己的风险吹响他的象牙号角。在史诗版本中，查理大帝认为自己听到了罗兰的号角声，但是他的随从加内隆（Ganelón）劝说查理大帝，这只是一个无关紧要的通报。当罗兰战死沙场时，为了不让自己的宝剑"杜伦达"落入敌人之手，遂将其压在自己身体下。朗塞瓦尔峡谷战役虽然对查理大帝来说不是一次明显的胜利，但也阻止了阿拉伯帝国企图穿过比利牛斯山向中欧前进的步伐。

❖ **传奇的罗兰**　传闻是查理大帝的侄子，他的事迹是中世纪最美史诗之一的创作灵感。上图为 19 世纪的复刻品。

日耳曼人

　　"日耳曼人"是使用印欧语系、居住在罗马帝国以北辽阔的日耳曼地区的各民族的统称，其中，最重要的日耳曼部落包括哥特人、法兰克人、勃艮第人、汪达尔人和苏维汇人。尽管族群不同，但在相当长的历史时期相互融合，形成了相互接纳的局面。可以确定的是，在性格方面，日耳曼人拥有相似的特点，特别是英勇好斗的天性。他们在前500年左右定居在黑海和波罗的海沿岸，在基督教时代初期，开始向欧洲其他地方扩张。◆

阿拉里克一世（Alarico）进入罗马，19世纪版画

阿拉里克一世

　　387 年至 395 年，西哥特首领阿拉里克一世与罗马人结盟，之后被选为首领，直到 410 年退位。402 年，他率领西哥特军队通过马其顿、色雷斯、福基斯和维奥蒂亚州攻打并占领科林斯、斯巴达、阿尔戈斯和迈加拉这些希腊城市。最后，他领导一支由其他部落组成的队伍进入意大利。410 年 8 月，他对罗马进行了长达 6 天的掠夺，将皇帝的妹妹加拉·普拉西提阿（Gala Placidia）掳走，作为自己的战利品。

19世纪插画作品：盎格鲁－撒克逊士兵

盎格鲁－撒克逊人

　　"盎格鲁－撒克逊"一词包括不同的日耳曼民族，自 5 世纪开始，他们入侵并征服了不列颠岛南部的英格兰。597 年，教宗额我略一世（Gregorio I el Grande）派遣圣奥古斯丁（San Agustín）带领由 40 个罗马本笃会教士组成的随从队伍来到肯特传教。国王艾塞尔伯特（Adalberto），也叫埃塞尔伯特（Ethelberto，560—616），迎娶了一位法兰克公主。公主是一位基督教徒，由此艾塞尔伯特也皈依了基督教，他去世后被封为圣艾塞尔伯特。

狄奥多里克大帝（Teodorico）陵墓正视图

东哥特人

　　在德涅斯特河东部，靠近黑海的位置（今乌克兰和白俄罗斯的部分领土），东哥特人建立起了疆域辽阔的王国。历史上他们向来臣服于匈奴人和拜占庭人，但也进行了多次起义。474 年，狄奥多里克大帝被选为国王，成为最著名的东哥特君主。他和拜占庭皇帝芝诺之间经历了数次战争和休战。488 年，狄奥多里克入侵意大利，493 年在阿达河之战中推翻并杀死了意大利国王赫鲁利人奥多亚塞。

伦巴第人是占领潘诺尼亚地区的一个好战民族。查士丁尼一世（Justiniano）曾允许其居住在此地，作为防御其他蛮族入侵的屏障。为表示感谢，伦巴第人阻击了东哥特人，但迫于阿瓦尔人的压力，他们放弃了潘诺尼亚，随后向意大利迁徙。

阿塔马尔夫（Ataúlfo），在哥特语中意为"高贵的狼"。他是 410 年至 415 年定居在西班牙的西哥特国王。他登基时就打算推翻罗马帝国，建立哥特帝国。他试图到达非洲，但最终决定前往高卢。412 年，他和罗马皇帝霍诺留（Honorio）签订盟约，这是西哥特人作为永久王国和国家组织的开端。

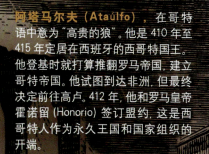

欧里克（Eurico，下图）是 466 年至 484 年的西哥特国王。在谋杀了其兄狄奥多里克二世（Teodorico II）后，他掌握了大权。他通过和法兰克国王墨洛维（Meroveo）的女儿拉格纳吉达（Ragnagilda）结婚的方式，扩大了自己的权力。在他统治时期内，476 年，西罗马帝国末代皇帝罗慕路斯·奥古斯都被废黜，帝国随之解体。

"日耳曼"（germánico）的命名 可能来源于"heer-mann"，在原始日耳曼语时期意为"战士"。这个词也可能来源于赫尔曼（Hermann），他是在条顿堡森林战役中制造罗马军团大屠杀的日耳曼首领。

深陷内战的罗马，边界力量被削弱。日耳曼人趁机向南前进。罗马人允许他们在这两种条件下进入。一是作为隶农耕作，二是保卫边界。

法兰克人

法兰克人是源于莱茵河下游和威斯特法伦附近地区的一个民族。法兰克人和其他从东部迁至西欧的日耳曼部落一样，在罗马帝国日渐衰亡时占据了一席之地。他们先是以联盟者的身份负责守卫衰微的帝国边界，随后建立了自己的王国，统治范围包括高卢大部分地区、法兰克尼亚地区和部分日耳曼地区，这些地方后来成为当今两个现代国家——法国和德国的雏形。◆

同其他向西欧迁移的日耳曼民族一样，法兰克人的迁徙特点使其艺术形式具有显著的实用性特点。不过，当他们定居在罗马帝国边界后，其艺术与其他艺术形式相融合，发展出了更具美学特点的器物。

实用性艺术　法兰克人的早期艺术特点是善于运用优美的几何图形，并且十分注重实用性，在家用器具和武器装饰方面可见一斑。右图为 6 世纪墨洛温王朝的珐琅带扣。

墨洛维

墨洛温王朝的创立者。5 世纪至 8 世纪，日耳曼血统的法兰克军事首领墨洛温家族统治着如今的法国和德国的部分地区。他的孙子克洛维一世（Clodoveo I，466–511）是墨洛温王朝的第一位君主。根据墨洛温家族的传统，克洛维一世去世后，法兰克王国被他的儿子瓜分。

◆ 刻有墨洛温王朝创立者、法兰克首领墨洛维形象的版画。

克洛维一世和克洛蒂尔德（Clotilde）的婚礼仪式

克洛维一世

克洛维一世于 481 年至 511 年是法兰克人的皇帝。在其统治期间，为了让儿子可以根据日耳曼传统继承他的王国，克洛维坚持维护并扩大了他的王国。为此，他毫不犹豫地清除所面临的一切障碍。他杀死了所有撒利人首领和莱茵河流域附近的首领，其中一些曾是他的同伴，甚至还包括他的家族成员。通过这种方式，克洛维一世占领了现在法国北部一半的地区。他还与滨河法兰克人（里普阿尔法兰克人）结盟，之后完成了向东部和南部的侵略。

7世纪，法兰克国王达戈贝尔特一世
（Dagoberto）的宝座

达戈贝尔特一世

　　法兰克人达戈贝尔特一世年纪轻轻就成了
奥斯特拉西亚的国王，之后他又占领了纽斯特
里亚和阿基坦王国。他试图将权力集中，于是
定居巴黎，并将其定为首都，但是贵族们反对
该政策，多次发动分裂主义谋反。在他死后，
两个儿子分割了王国。

法兰克人的国王
754年，教宗斯蒂芬二世（Esteban II）在圣德尼教堂将矮子丕平（丕平三世）加冕为"罗马贵族"。矮子丕平的儿子也是继承人，卡洛曼一世和查理曼也一道得到了教皇的加冕祝圣礼。

矮子丕平雕像细节图

矮子丕平（丕平三世）

　　查理·马特去世之前将他的爵位分给两个儿子：卡洛曼
（Carlomán）继承奥斯特拉西亚宫廷的宫相职务，丕平三世
继承纽斯特里亚宫廷的宫相职务，此时的宫相相当于政府首
领或首相。虽然卡洛曼一世和丕平三世分割了法兰克王国的
权力，但兄弟二人结成同盟以保证边界稳定。747年，卡洛
曼退位遁入修道院，将奥斯特拉西亚的大部分送给了他的弟
弟。这样，丕平三世成了所有法兰克人的掌权者。

查理·马特

　　他是丕平二世和来自列日地区的情妇阿尔派达
（Alpaïde）的私生子，父亲死后，查理·马特继承
了宫相的职位。但由于他是私生子，丕平二世的妻
子普雷科特鲁德（Plectrude）要求自己的孙子特奥
德（Thiaud）继位，当时特奥德虽年仅8岁，却是
法定继承人。715年，查理·马特被囚禁，但成功逃
脱。而后他领导了奥斯特拉西亚的战斗，重新夺回
了权力。

❖ 版画再现了发生于732年的普瓦提埃战役。在此
次战役中，查理·马特的军队阻挡了阿拉伯人向欧
洲的进军。

教皇国
作为教会的坚定盟友，矮子丕平征服了包括拉文纳、佩鲁贾、艾米利亚－罗马涅大区和中意大利五城等意大利中部的22座城市，并将这些城市"赠送"给了罗马教会。正是由于这位法兰克国王的政策，教皇国由此诞生了。

查理大帝

查理大帝，另称查理曼（约741–814），其父矮子丕平驾崩后，他与弟弟卡洛曼一世分天下而治之，直到771年成为法兰克王国唯一的国王。他也是伦巴第人在774年至814年的名义国王，被罗马教会奉若神明。800年至814年担任神圣罗马帝国皇帝。他建立的加洛林王朝被认为象征着西罗马帝国复兴的政治实体。962年，奥托一世（Otón I）继承皇位，帝国成为日耳曼民族神圣罗马帝国。◆

扩张政策

对外政策方面，查理大帝开展了一系列有力的军事行动，扩大国家边界。在意大利，他征服了伦巴第人；在西班牙，他同阿拉伯人作战，甚至在778年试图占领安达卢斯疆域内的萨拉戈萨。

❖ 查理大帝的军队攻打罗马教皇的劲敌——伦巴第贵族，15世纪细密画。

查理大帝（图为大帝的宝剑）将复兴古罗马作为他的文化和政治纲领。从这个意义上讲，加洛林王朝意味着一场真正的复兴。查理大帝虽与罗马教会结盟，但他手握一切大权，并且摒弃了中世纪基督教的教条主义。

哥特式圣物堂的查理大帝形象

拜占庭的不满　在罗马，教皇利奥三世依"罗马帝国"的仪式将查理大帝加冕为皇帝，这导致查理大帝与拜占庭帝国的关系迅速恶化。相反，拜占庭的死敌阿拔斯王朝的哈里发向其提供支持，并派遣一名使者前往查理曼帝国的首都亚琛。不久，拜占庭皇帝米哈伊尔一世（Miguel I Rangabé）在亚琛签署条约，称他为"皇帝"。

查理大帝加冕，15世纪细密画

罗马人的皇帝

在感受到罗马贵族的威胁后，教皇利奥三世向查理大帝求援，查理大帝立刻前往罗马，通过炫耀军事力量使贵族们承认罗马教皇的地位。教皇以最高礼仪接待了他，在一次盛大的仪式中将其加冕为"罗马人的皇帝"。就这样，查理大帝成为基督教徒的保护者，地位在教权之上。

阿尔昆和艾因哈德

伯爵和侯爵　大帝设置了伯爵区作为帝国的基本行政单位，由伯爵管理，还建立了几个有较大自治权的边区，每个边区由一位侯爵管辖。

亚琛学校　查理大帝在亚琛创办宫廷学校，由约克郡的阿尔琴负责，他是当时最重要的学者之一。阿尔琴的主要功绩之一是推动文本的抄录与保存工作。

魅力四射的男人　得益于艾因哈德的传记，我们才了解到查理大帝因其非凡的人格魅力及温和的性格而闻名。他是一个富有魅力的男人，可轻而易举推行他的权力。

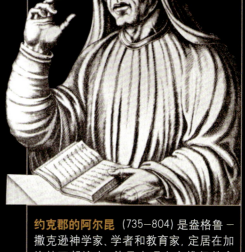

约克郡的阿尔昆（735−804）是盎格鲁－撒克逊神学家、学者和教育家，定居在加洛林王朝境内。他是查理大帝推行教育政策的左膀右臂，是加洛林文艺复兴的主要代表。他起初居住在当时欧洲最重要的文化中心英格兰，在约克郡的本笃会学校学习。

艾因哈德（775−840）是富尔达修道院的院长，也是查理大帝宫廷中的一员。他游遍帝国，进行建筑考查。面对查理大帝孙子间的纷争，艾因哈德选择归隐著书，于840年在塞利根施塔特修道院去世。他的著作《查理大帝传》是关于查理大帝最完整、最全面的传记。

查理大帝帝国的分裂

　　查理大帝去世后，他的儿子路易一世（814–840年在位）继承了皇位，但是他没有能力控制贵族，甚至无法掌控自己的儿子。843年，路易一世去世后，他的儿子们签署了《凡尔登条约》，条约规定将帝国一分为三：秃头查理（843–877年在位）得到西部的法兰克领土，这也是未来法兰西王国的核心；日耳曼人路易（843–876年在位）获得东部领土，也就是未来的德国；洛泰尔一世（840–855年在位）得到了"中法兰克王国"，疆域北至北海，南到意大利，还包括荷兰、莱茵河区域和意大利北部。◆

洛泰尔一世彩绘石塑像，13世纪

洛泰尔一世

　　洛泰尔一世（795–855）是路易一世的长子，815年控制了巴伐利亚，被父亲指定为继任者。820年，洛泰尔一世成为意大利的国王。他领导了兄弟们反对其父亲的叛乱。父亲去世后，他继承了皇位，但是不得不与两个弟弟秃头查理和日耳曼人路易进行战斗。

D.K.博纳蒂(D.K.Bonatti)细密画中的秃头查理

秃头查理

　　法兰克的查理二世，也被称为秃头查理（823–877），是843年至877年西法兰克的国王和875年至877年加洛林帝国的皇帝。他是国王路易一世与其第二个妻子——来自巴伐利亚的朱迪斯（Judith）的儿子。在他执政期间，诺曼底人多次入侵。877年，他签署了《基尔希敕令》，敕令规定了伯爵领和爵位的继承，普遍认为，该敕令意味着欧洲封建主义的诞生。

胖子查理　（即查理三世，839–888）是881年至887年加洛林帝国的皇帝，882年至887年东法兰克王国的国王和884年至887年西法兰克王国的国王。作为日耳曼人路易的儿子，他继承了哥哥青年路易（Luis el Joven）的东法兰克国王的位置，在哥哥巴伐利亚王卡洛曼退位后继承了意大利国王的位置。

青年路易　（即路易七世，1120–1180）是1137年至1180年的法兰西国王。他是胖子路易（Luis el Gordo）和萨伏依王朝阿黛勒（Adela）的儿子。从母亲的血统来看，他是加洛林王朝的王室成员。他先后与阿基坦的埃莉诺（Leonor）、卡斯蒂利亚的康斯坦丝（Constanza）和香槟的阿黛勒结婚。他的儿子腓力二世·奥古斯都（Felipe Augusto）是他的继任者。

814年，查理大帝帝国分裂，青年人莫罗（Moreau el Joven）的寓意画

帝国的分裂

　　洛泰尔一世、日耳曼人路易和秃头查理相聚于凡尔登，三方实现了和平，分割了神圣帝国。占据"中法兰克王国"（洛泰尔王国）的洛泰尔一世去世后，他的儿子们之间的领土争夺导致帝国分裂加剧：路易二世得到了意大利和帝国皇位；洛泰尔二世得到了北海至洛林的领土；胖子查理（Carlos el Gordo）得到了勃艮第和普罗旺斯。胖子查理死后，他的兄弟们瓜分了他的领土，而洛泰尔二世和路易二世的去世使日耳曼人路易和秃头查理分别继承了他们的王国。自此，中法兰克王国消失了。

加洛林王朝 的分裂不仅标志着中世纪的开始，也意味着欧洲全面解体的开始。原来掌握在贵族地主手中的帝国权力结构被封地所取代，有时，在某一位君主的统治时期，封地会被连接起来，但通常都会再一次分崩离析。

巴伐利亚王卡洛曼 （830—880）是日耳曼人路易的儿子。父亲去世后，他于876年继承了巴伐利亚国王的头衔。877年秃头查理死后，他成为意大利国王。退位后，弟弟胖子查理和路易三世（Luis III）分别继承了他的王位。他是卡林西西州的阿努尔夫的父亲。

克恩顿州的阿努尔夫 （Arnulfo，850—899）是卡兰塔尼亚王国和洛泰尔王国的公爵，也是西罗马帝国加洛林王朝的皇帝。在废黜了叔父胖子查理之后，他成为东法兰克王国和洛泰尔王国的国王。891年，他在鲁汶（今比利时）取得了对战维京人的巨大胜利

虔诚者路易（路易一世）

　　查理大帝在位时，虔诚者路易于801年征服了巴塞罗那，并将其并入法兰克王国，在西班牙边区内建立了巴塞罗那伯国。西班牙边区由位于半岛上的伯国组成，这些伯国均依附于加洛林王朝的君主。虔诚者路易在一次日食期间受惊吓而死。

❖ 虔诚者路易加冕，图为《法兰西君主制》（Las monarquías de Francia）插图。

神圣帝国

　　神圣罗马帝国是中欧国家政治联合的产物，是一个从中世纪至现代早期持续了近一千年的政治实体。帝国正式创立于962年，它起源于查理大帝去世后加洛林王朝分裂出的东部地区。领土内现实差异如此之大，查理大帝是唯一能够将其统一的人。自神圣帝国建立以来，它一直是欧洲占据统治地位的政治实体，直到拿破仑·波拿巴（拿破仑一世）于1806年将其推翻。◆

施陶芬家族　也被称作"吉伯林派"，是统治神圣罗马帝国的家族，主要由西西里的国王组成。在与归尔甫派持续的斗争中，他们成为神圣罗马帝国的皇帝和德意志的国王。

11世纪壁画详图中的康拉德二世（Conrado II）

皇帝康拉德二世

　　康拉德二世（990—1039）是德意志的国王，自1027年起成为神圣帝国的皇帝，他占领了卢萨蒂亚、勃艮第和施瓦本。在意大利领主和小贵族的支持下对抗大领主和高级教士，他将文职人员纳入管理体系。他还推动市场自由化，刺激了当时商业的发展。

手中拿着双头鹰盾牌的鲁道夫二世（Rodolfo II）

哈布斯堡王朝的鲁道夫二世

　　哈布斯堡王朝的鲁道夫二世（1552—1612）是奥地利大公、匈牙利和波希米亚国王、1576年至1612年神圣罗马帝国的皇帝。他痴迷炼金术和机械玩具，尤其是自动装置、钟表和永动机，他是一位伟大的艺术和科学的保护者。在其统治期间，丹麦人第谷·布拉赫（Tycho Brahe）和德意志人约翰内斯·开普勒（Johannes Kepler，1601—1612年在帝国任职）被授予帝国数学家的称号。

宗教改革之后的危机

马丁·路德（Martín Lutero，1483—1546）是德意志杰出的神学家、奥古斯丁教派的修道士和伟大的宗教预言家。他反对罗马教廷，他的思想激发了宗教改革运动。

查理五世　哈布斯堡王朝的查理（1500—1558）是神圣罗马帝国的皇帝，被称为查理五世（1519—1556在位），他同时也是西班牙国王，称号为卡洛斯一世（1516—1556年在位）。

三十年战争　发生于1618年至1648年，主要战场在中欧。战争表面上是新教和天主教之争，但实际是旧大陆欧洲列强争夺霸权的斗争。

奥托一世的皇冠

奥托一世

奥托一世（912-973）是萨克森公爵、德意志国王（936-973）和神圣罗马帝国皇帝，是德意志王国内部重组的推动者。因此，他被认为是神圣帝国真正的创立者，也是10世纪欧洲最重要的政治人物。为避免罗马教会维护的封建制解体，奥托一世创造了所谓的奥托王朝的"帝国教会"，由他负责大主教的任命。此外，他将主教管理的教区变为行政区，主教拥有和从属于国王的伯爵相似的权力和职能。

圣球 在所有画像中，日耳曼皇帝手中都拿着十字圣球，这象征着帝国首脑总揽包括政治权力和宗教权力的世界大权。

权杖 来源于古老的圣经手杖，《旧约圣经》中的人物用其指引教众，帝国权杖象征着王国的领导权。

新时代

1789年法国大革命胜利后，日耳曼民族神圣罗马帝国的政治结构成为旧制度的象征。拿破仑·波拿巴在旧大陆传播新思想，导致巴士底狱被攻占，神圣罗马帝国就此解体。

❖ 1805年，拿破仑·波拿巴和弗朗茨二世（Francisco II）在奥斯特利茨战役后会面。

十字架 不仅象征日耳曼民族神圣罗马帝国皇帝的宗教权力，也象征着精神和政治的一切大权，广袤帝国境内的所有人民都在皇帝的权力范围之内。

与罗马教廷的关系 一直是令神圣罗马帝国的皇帝非常矛盾的问题。最终引发的新教徒与天主教徒之间的对抗，归根结底还是源自与教皇权威的矛盾关系。

法兰西王国

在整个中世纪前期，法兰西政治史的显著特点就是紧张的内部局势和与其他欧洲国家的冲突。加洛林王朝衰落后，法兰西的君主不能控制自身封建制度的解体，甚至还要依靠拥有大片领土的贵族和教会。王室衰微的结果就是古老的西法兰克王国面临灭亡的风险。然而，到了17世纪，法兰西君主制重新恢复了权力。◆

好人罗贝尔（Roberto el Valiente）19世纪的形象复原图

好人罗贝尔

是法兰西的路易八世（Luis VIII）和卡斯蒂利亚的布兰卡（Blanca）的儿子。1237年，他从哥哥路易九世（Luis IX）手中获得了阿图瓦伯爵领地，建立了阿图瓦的卡佩家族。他在第7次十字军东征中去世。与"罗贝尔家族"，或者说，与好人罗贝尔（1216—1250）后裔的斗争加剧了加洛林末代王朝和政治的衰落。伟大的于格（Hugo el Grande）来自罗贝尔家族，他是法兰西公爵，反对加洛林王朝君主路易四世（Luis IV，936—954 年在位）。

土地占有权是法兰克王国社会关系的核心问题。掌握的土地面积越大意味着拥有的权力越大。国王是最大的封建领主，依靠其他领主的封建役务维持王国的运转。

金雀花王朝的若弗鲁瓦（Godofredo）画像

美男子若弗鲁瓦

美男子若弗鲁瓦也被称为金雀花王朝的若弗鲁瓦（1113—1151），是安茹伯爵。他的儿子亨利二世是金雀花王朝的创立者，该王朝统治英格兰地区。王朝的名称来源于若弗鲁瓦帽子上用作装饰的黄色金雀花枝，法语"genêt"意为金雀花。若弗鲁瓦于1127年与玛蒂尔达皇后（Matilda）结婚，玛蒂尔达是英格兰国王亨利一世和他的第一任妻子苏格兰的伊迪丝（Edith）的女儿和继承人，同时也是神圣罗马帝国亨利五世（Enrique V）的遗孀。若弗鲁瓦和玛蒂尔达的婚姻标志着英格兰、诺曼底与安茹之间的和解。

于格·卡佩（Hugo Capeto）为儿子虔诚者罗伯特加冕

虔诚者罗伯特加冕

虔诚者罗伯特（972—1031）自 996 年至 1031 年担任法兰西的国王，是卡佩王朝的第二位国王。987 年，贵族承认于格·卡佩的儿子虔诚者罗伯特为继任者，于格·卡佩的后裔在法兰西的统治就这样开始了。卡佩家族嫡系统治至 1316 年，支系统治至 1792 年。在王位继承上，罗伯特二世将长子于格二世作为其继任者得到了承认，但于格二世的去世使亨利一世成为国王。他获得了勃艮第公爵称号，并从其他贵族手里抢夺了德勒和默伦伯爵领地。

虔诚者罗伯特（Roberto el Piadoso，即罗伯特二世）的其他子女有：法兰西国王亨利一世（1008—1060）；佛兰德斯的阿黛勒（1009—1079），她嫁给了佛兰德斯伯爵鲍德温五世（Balduino V），阿黛勒的女儿玛蒂尔达是英格兰威廉一世（Guillermo I）的妻子；长者罗贝尔（Roberto el Viejo，1011—1076），他是卡佩王朝第一位勃艮第公爵。

于格·卡佩

加洛林王朝最后一位嫡系君主路易五世（Luis V el Holgazán）去世后，于格·卡佩在桑利斯大会上被选为法兰西国王。他在努瓦永称王，于 987 年 7 月 3 日在兰斯大教堂加冕。卡佩王朝的名字来源于国王喜欢的一种名为"卡佩"的短披肩。

❖ 于格·卡佩画像（版画）。

虔诚者罗伯特与普罗旺斯伯爵的女儿阿尔勒的康斯坦丝结婚，二人生下长子于格二世（Hugo II），虔诚者罗伯特为其加冕，与自己共治，但他在正式继位前就去世了。随后，康斯坦丝不遗余力地为儿子争取继位权，导致了虔诚者罗伯特儿子的继位纠纷。

法兰西国王亨利二世（Enrique II）的版画画像

亨利二世

亨利二世（1519—1559）是法兰西瓦卢瓦王朝的国王，于 1547 年继承了父亲弗朗索瓦一世（Francisco I）的王位，并继续施行对抗哈布斯堡家族的政策。在此政策下，他毫不犹豫地加强了法兰西王国与土耳其人的联盟，甚至还与神圣罗马帝国的新教诸侯结盟，尽管他在王国内部打压法兰西新教教徒。

法兰西王国的统一

中世纪后期，法兰西王国历史的特点有三，一是与英格兰王国争夺土地主权，如诺曼底一带同时被两个王国觊觎；二是为巩固君主制中央集权发动内战；三是与罗马教会的关系日趋紧张。随着亨利二世建立的金雀花王朝在英格兰确立了统治地位，其君主制的封建结构加剧了对卡佩王朝的威胁。凭借他在这片大陆的贵族统治，亨利二世在法兰西拥有了比法兰西王国的君主更大的权力。◆

在与金雀花王朝的关系上，腓力二世·奥古斯都试图避免与亨利二世发生正面冲突。亨利二世去世后，腓力二世与他的儿子无地王约翰（Juan Sin Tierra）结成同盟。上图为腓力二世和无地王约翰，18世纪细密画。

腓力二世·奥古斯都

法兰西国王（1180–1223年在位），在其统治初期，他镇压了一次严重的封建领主叛乱，最终以在1185年签订《博沃协议》（Tratado de Boves）告终，夺回了部分被英格兰人占领的法兰西领土。

❖ 国王腓力二世·奥古斯都的画像。

加强君主制权力

在圣女贞德（Juana De Arco）的帮助下，查理七世（Carlos VII）得以在兰斯大教堂加冕，此后便开始加强君主制权力。为此，他要面对企图自治的封建领主以及他们与罗马教会结成的各种同盟。从这个意义上来说，1435年签署的《阿拉斯条约》（Tratado de Arrás）具有决定性的意义，通过该条约，他与勃艮第人达成和解，勃艮第也因此放弃了与英格兰缔结的同盟，从法兰西王国获得了自治权，尽管留在法国不过是种外交手段。

❖ 查理七世被他的幕僚围绕着，15世纪巴黎马提亚尔（Martial）的细密画。

英雄：圣女贞德

17岁的法兰西圣女贞德（约1412–1431）领导法国军队。她先说服国王查理七世将英格兰人赶出法兰西，随后又在1429年至1430年获得了解救奥尔良战役、帕提战役和其他收复战役的军队领导权，正是这些战役帮助君主查理七世获得加冕。后来，圣女贞德被勃艮第人俘虏，交给了英格兰人。她被宗教裁判所定为异端，在鲁昂被活活烧死。

❖ 左图为审判圣女贞德。

法国国王路易九世雕像

圣王路易九世

　　法兰西国王路易九世被称为圣王（1214—1270），他是狮子王路易八世和卡斯蒂利亚公主布兰卡的儿子。1226 年末，他在其父去世后称王，统治初期，由他的母亲摄政。1234 年，他与普罗旺斯的玛格丽特（Margarita）结婚，婚后两人育有 11 个孩子。路易九世受到母亲宗教虔诚信仰和神秘主义教育的共同影响，把国家治理同极端的禁欲主义相结合。他像一个隐士，把禁欲付诸行动，例如，每星期五用铁链鞭笞背部，或降低身份为穷人洗脚。

查理四世（Carlos IV, 1294—1328）是卡佩王朝法兰西嫡系第 15 位国王和纳瓦拉国王（称查理一世）。在他统治的 6 年间，为增加税收，制定了沉重的征税制度，没收了众多反对者、世俗群众和教徒的财产。他去世时没有留下男性继承人，因此，卡佩王朝的嫡系统治就此结束。后来，瓦卢瓦王朝的腓力六世（Felipe VI）摄政，最终成为法兰西国王。

瓦卢瓦王朝的腓力六世（1293—1350）是法兰西卡佩王朝支系瓦卢瓦王朝的第一任国王。当他的堂弟法兰西卡佩王朝嫡系最后一位国王查理四世于 1328 年去世后，他得到了包括瓦卢瓦在内的各部分领土。尽管他的侄子英格兰的爱德华三世（Eduardo III），即美男子腓力四世（Felipe IV el Hermoso）的孙子，也参与争夺法兰西王位，但他仍于当年在兰斯大教堂加冕，成为瓦卢瓦王朝（卡佩家族支系）的第一位君主。

美男子腓力四世画像（版画）

美男子腓力四世

　　腓力四世是法兰西卡佩王朝第 11 位国王，勇敢者腓力三世（Felipe III el Atrevido）的第二个儿子。纪尧姆·德尔库伊斯（Guillermo de Ercuis）是腓力四世的家庭教师，也是他父亲青年时代的牧师。他的敌人和崇拜者都叫他绰号"铁国王"，因为他性格最突出的特点是严厉和冷酷。他是一位虔诚的国王，酷爱打猎，并因自己的血统而自豪，但他几乎不理朝政，而是交由大臣们处理。这导致宫廷中阴谋诡计盛行，常常被贵族所利用。

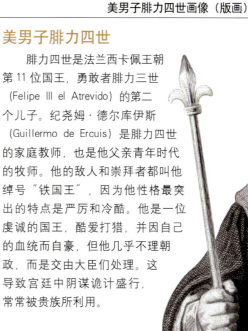

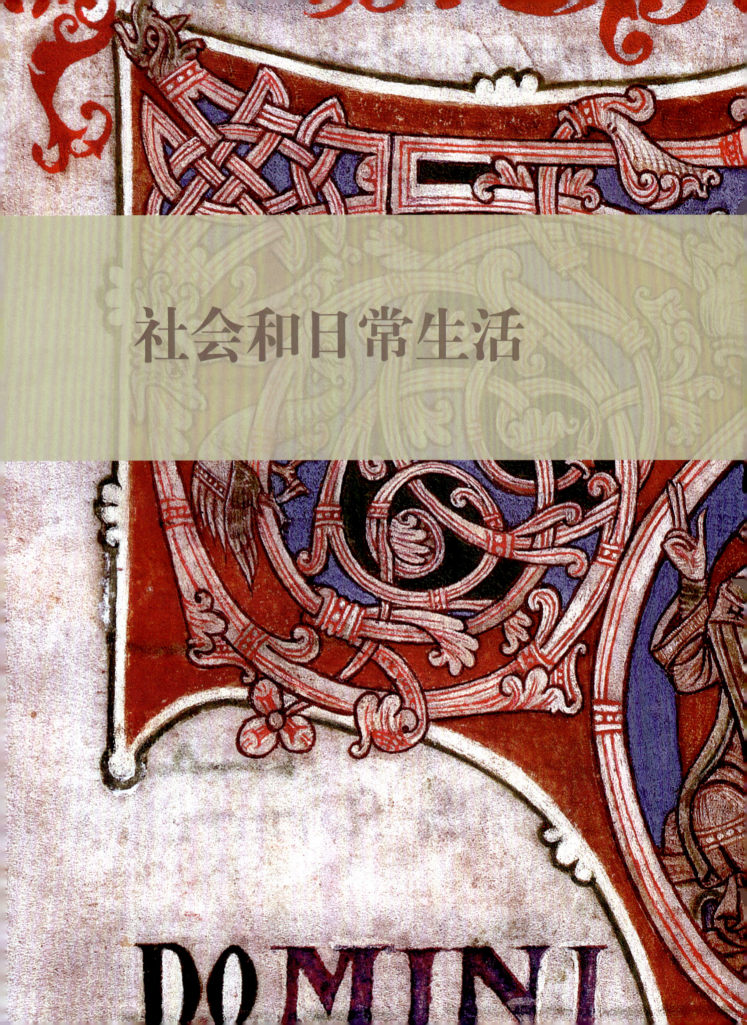

社会和日常生活

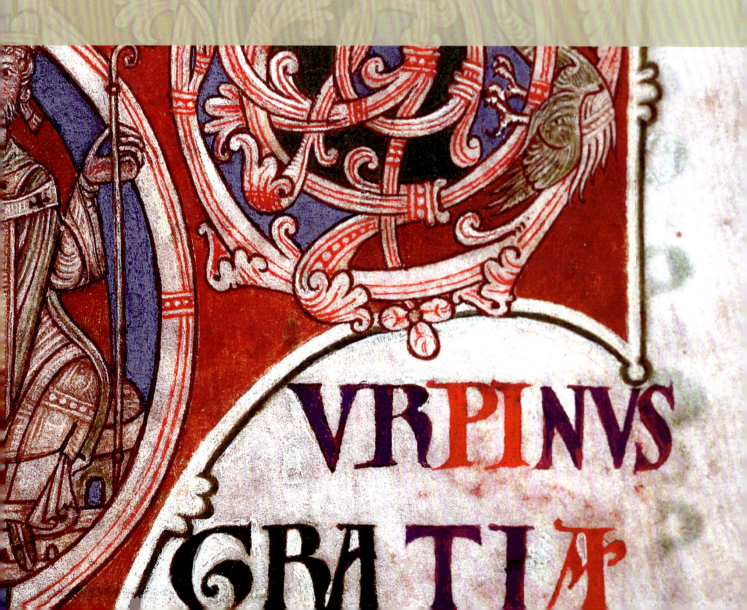

VRPINVS

GRATIA

社会和日常生活

封建化道路

丕平三世登上王位后将宫相这个官职彻底废除了，从此，在"懒王时代"专权的法兰克宫相就成为历史。此后，一个注定要改变西欧地缘政治格局的新王朝诞生了，那就是加洛林王朝。丕平三世最伟大的成就之一是抗击阿拉伯人，阿拉伯人在占据伊比利亚半岛大部分地区的安达卢斯哈里发统治疆域内日渐强大，并威胁要穿过比利牛斯山，向欧洲其他地区扩张。与此同时，

来自东部的其他民族也试图征服法兰克领土。为了应对这些威胁，丕平三世知道，他必须与其他基督教王国结盟，没有什么比与西方基督教领袖罗马教皇建立战略联盟更好的办法了。当教宗位于意大利半岛的领土因伦巴第人的侵犯危在旦夕时，丕平三世毫不犹豫地向教宗斯蒂芬二世提供帮助。最终，伦巴第人彻底失败，两种权力的关系更加密切，此后，法兰克王国为教皇提供军事保护。

丕平三世于768年去世后，他的两个儿子查理曼和卡洛曼一世继位。卡洛曼一世意外去世，尽管随后发生了继位冲突，法兰克王国仍然落到了查理曼手中。在政治方面，他高瞻远瞩，还具有很强的组织能力，他深化了父亲开创的与罗马教会结成紧密同盟的路线。由

于采用这一策略，他不仅获得了巨大的声望，还确保了罗马文化在法兰克王国的疆域内得以复兴和传播。

现代化策略

查理大帝掌权后的首要行动就是要确保他在整个国家的权威，并试图恢复西罗马帝国往日的繁荣。尽管无法实现第二个目标，但通过经济和军事双重努力，他还是成功地征服了看中的领土。

查理大帝统治期间，法兰克王国领土扩大，同时建立了缓冲区来应对突发事件。他采用这种在当时来说十分现代化的策略取代直接派驻部队。当意大利北部的伦巴第人袭击教会财产时，查理大帝帮助了教宗哈德良一世（Adriano I）。在帕维亚的战斗中击败了伦巴第国王狄西德里乌斯（Desiderio）后，他没有让领土落到教会手中，而是借机将领土纳入了自己的管辖范围。

他用同样的策略在萨克森地区采取行动。萨克森人统治着莱茵河和波罗的海之间的区域，尽管基督教传教士做出了巨大努力，但萨克森人仍未能成为基督教徒，他们与法兰克人战斗了30余年。最终，785年，萨克森首领维杜金德（Widukindo）受洗，该地区被法兰克人占据，萨克森人被强制移民。

❖ **工匠**　在城市核心区开始出现工匠聚集的中心，工匠们以行会的形式组织起来，向封地主缴纳贡赋。左图为染布工。

❖ **查理大帝的形象** 采用了模仿宗教肖像画的形式，正如"加里斯都抄本"中胶画所展示的那样（上图）。

❖ **大学** 作为师生社团出现，隶属于大教堂。上图为 14 世纪浅浮雕作品。

一定程度上，西班牙边境地区与所在的比利牛斯山脉有着异曲同工的作用，那就是，在欧洲将阿拉伯人与基督徒分隔开来。查理大帝的首要任务是打消阿拉伯帝国的任何扩张企图。778 年，应萨拉戈萨市阿拉伯总督的请求，查理大帝进入西班牙与科尔多瓦的埃米尔交锋。但查理大帝随后发现，他无法从阿拉伯人的手中解放伊比利亚领土，因此，加洛林人必须撤离。尽管战败了，查理大帝还是设法建立了西班牙边境区，一旦阿拉伯人发起进攻，此地可作为防御缓冲区。

东面，属于现代匈牙利的领土由阿瓦尔人控制。虽然阿瓦尔人采取了出色的防御策略，建立了环形营地，但法兰克人仍然成功击败了他们，夺取了他们的领土。

政治组织

在社会组织方面，查理大帝也因其现代化思维出类拔萃。帝国的政治结构与以前的王国完全不同，尽管大城市和官僚机构尚未发展起来，但他仍力图建立有效的行政管理制度，不遗余力地集中权力。虽然亚琛已被确定为帝国的首都，但事实表明，帝国的中心仍是皇帝所在的地方。

查理大帝的婚姻家庭

◆◆◆

众所周知，查理大帝与一位年轻的贵妇赫罗特鲁德（Himiltrudis）保持着关系，并生下了儿子驼背丕平（Pipino el Jorobado）。770 年左右，他和伦巴第国王狄西德里乌斯的女儿埃尔蒙加达（Ermengarda）结婚，后又休妻，原因不明。他的第二任妻子是有着施瓦本血统的贵族女子希尔迪加尔德（Hildelgarda），查理大帝与她生育了 9 个孩子。希尔迪加尔德于 783 年去世，查理大帝又迎娶了日耳曼血统的法斯特拉达（Fastrada），并与她育有 2 个女儿提奥德拉达（Teodorada）和希尔特鲁迪斯（Hiltrudis）；此外，一个侍妾给他生了另一个女儿赫鲁奥德海德（Rodaida）。794 年他的妻子去世，他与阿勒曼尼族的柳特加尔德（Liutgarda）结婚，二人无子女。这个妻子去世后，查理大帝又分别与 4 个侍妾生育了子女：与马德尔加达（Madelgarda）生了鲁奥提尔德（Rotilda），与格尔苏因达（Gersvinda）生了阿多尔将鲁德（Adeltrius），与里贾纳（Regina）生了德罗艾（Drogón）和于格（Hugo）两个儿子，与阿达林达（Adelinda）生了提奥德里克（Teodorico）。

土地结构也遵循新标准。查理大帝统治下的领土，特别是新征服的领土，被分为伯爵领地和侯爵领地。在伯爵领地，伯爵负责军队、司法和警察的管理。在侯爵领地或镇，侯爵驻扎在永久性军事驻地，负责守卫危险的边境地区。伯爵和侯爵所承担的工作以获得大片可开发的土地和以奴仆身份生活的农民作为补偿。

尽管伯爵和侯爵的权力很大，但查理大帝始终努力避免帝国分裂。他通过不同的政治手段，并借助罗马教会在文化和传教方面的帮助与支持，将政治和行政权力集中在自己手中。

8世纪初，城市和农村的贫困阶层开始投奔地主，成为农民佃户。他们用忠诚和工作来换取保护和物质财产，这些物资通常来源于生产剩余。同样，贵

西班牙边区

❖❖❖

西班牙边区是位于比利牛斯山脉南部的加洛林王朝的政治军事边界。穆斯林征服伊比利亚半岛后，这部分领土被驻守在巴塞罗那或赫罗纳等城市的军队所控制。8世纪末，在山区土著居民的支持下，加洛林王朝的臣民进入了半岛的东北部。785年和801年分别征服赫罗纳和巴塞罗那之后，法兰克人开始进行统治。9世纪初，在由依附于加洛林君主的伯爵领地组成的西班牙边区，法兰克伯爵被土著贵族所取代。

从穆斯林手中赢得的土地构成了西班牙边境区，与安达卢斯针锋相对。西班牙边区由依附于加洛林君主的伯爵领地组成，领土从潘普洛纳延伸至巴塞罗那。在所有伯爵领地中，巴塞罗那伯国是最主要的。

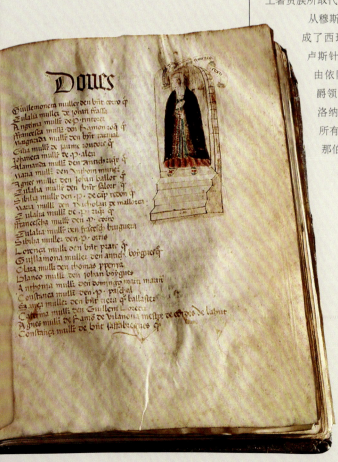

❖ **教育**　查理大帝关注教育的普及，推动字母改革以方便阅读。

族与皇帝也保持着相似的关系，并形成一种制度，在这种制度下，所有人都有义务为上层阶级服务。

封建领主授予骑士封地及某些具有代表性的物品构成"册封仪式"，并在"宣誓仪式"之后立即进行。一般来说，法律交付制度是一种终身使用权，虽然它可以体现在物质财产方面，但最终成为领主与其附庸之间的家庭纽带，只要其继承人对领主重新宣誓，封地就可以被继承。然而，如果附庸存在逾规行为或不忠的表现，例如，密谋叛乱或战时不派遣其封地内的军队助战，领主有权收回附庸的封地。一旦附庸的行为被认为犯罪，还会背上"背信弃义"的骂名。背信弃义者被视为一个卑劣的附庸，是一个不被信任的人。在封建制度下，背信弃义对骑士的声誉来说是一个可怕的污点，通常通过决定生死的"神明裁判"才能抹去。

为了控制伯爵和侯爵的权力，查理大帝设立了几个同等级别的职位：国王巡察使，他们直接听命于皇帝，因此没有人的权力凌驾于他们之上。

国王巡察使是一对由主教和世俗人员组成的官员。他们是国王的督察，负责执行国王的命令，有权根据居民的要求改革土地的地方行政。

❖ **结构僵化** 是中世纪的显著特征，安德里亚·达·佛罗伦萨（Andrea Da Firenze）的湿壁画《圣托马斯的胜利与科学的寓言》便如实地反映了这一点（下图）。

经济和社会结构

中世纪的特征是经济非常不发达。由于生产技术水平低下，在农村只能进行自给自足的农业生产，家庭农业劳动只能维持日常生计。因为缺少剩余产品，战争较为频繁，贸易活动受到限制，城市失去了以往的地位和意义。尽管查理大帝遏制了阿拉伯帝国领土扩张的野心，但是阿拉伯人的技术优势却令他渴望。此外，他还在基督教盛行的欧洲推动农业现代化。

这些因素促使围绕领主的土地或房屋形成了新的社会结构，并转化为真正的生产单位。这种生产单位通常由两部分组成：一个是"预留区"，在此建造领主及其农奴的房屋、教堂和其他建筑；另一个是"庄园区"，这部分土地用于农业生产。

这种社会结构的主要特点是几乎没有奴隶。养活奴隶的高昂费用促使奴隶解放，成为农奴。然而，自由是相对的，因为他们始终与财产所有权相关。当时的另一个特点是，领主给隶农土地耕种，为了换取土地的使用权，隶农必须向领主保证上缴部分产出，并每周在领主的土地上耕作一定的时间。相对的，领主在得到农奴和隶农服务的同时，也必须为他们提供保护。

最后，加洛林王朝的社会分为两大部分。一部分由领主、教士或骑士构成金字塔上层，地位最高的是皇帝，皇帝以下是大主教、主教、神父等神职人员和贵族阶层。

另一部分则由有产阶级、工匠、农奴和农民构成，他们是社会金字塔的基础。其中，农民又细分为隶农和普通农民，他们依附于土地的主人——领主，为其耕作并上缴部分土地产出。此外，还有工匠和有产阶级，他们需要服从负责守卫城市和保证货物或钱财安全的人。

查理大帝和十二骑士

《查理大帝和法兰克十二圣骑士的故事》（La historia del emperador Carlomagno y de los doce pares de Francia）是一本关于骑士的书，用法语写成，卡斯蒂利亚语译本于 1525 年在塞维利亚出版，销量很大。它讲述了查理大帝与巴兰（Balán）将军及其儿子亚历山大国王斐兰巴拉斯（Fierabrás）率领的异教徒军队作战的故事。斐兰巴拉斯在一次作战中被加洛林宫廷的圣骑士奥利弗（Oliveros）打败，后斐兰巴拉斯接受洗礼。后来，奥利弗和其他四位骑士成为巴兰将军的俘虏，并被关在一座塔内，斐兰巴拉斯的妹妹弗洛里佩丝（Floripes）去看望他们。这个年轻的女孩爱上了加洛林宫廷中一位名叫盖恩（Guy）的勃艮第骑士，于是帮助被囚的五位骑士逃狱，并给他们提供房间避难。查理大帝派出法兰克十二骑士中剩余的七人，由他的侄子罗兰率领，与巴兰将军就释放俘虏一事谈判，但巴兰下令将他们与其他骑士囚禁在一起。弗洛里佩丝成功要求将新被俘虏的骑士交给她，其中就包括勃艮第的盖恩，促使他们与其他五人团聚。事发后，十二骑士被指控为"不忠"，经过一系列的努力，他们设法派出诺曼底的李拿度（Ricarte）告知查理大帝他们的处境。最终，查理大帝的军队击败了拒绝受洗的巴兰将军，并将其处决，弗洛里佩丝嫁给了勃艮第的盖恩。

❖ **图尔战役**　发生于 732 年 10 月，查理·马特在此战中阻止了阿拉伯人向欧洲大陆进军（上图）。

封建社会

加洛林王朝解体后，欧洲大部分地区形成了以贵族掌握土地所有权为基础的封建制度，形成了自9世纪以来占据欧洲主导地位的社会经济制度。封建制度的扩张恰逢土地割据愈演愈烈，土地割据势力包括地方权力代表、古罗马帝国旧社会结构的继承者以及试图重建帝国的政治实体。封建制度的建立意味着生产、商业和生活方式的巨大变化。◆

自给自足和产品剩余 农业生产主要是为了满足生存需要。随着技术的发展，剩余产品增加，促进了贸易的产生。上图为领主向农民下达命令，14世纪细密画。

向王子纳贡，绘于14世纪

国王的角色

封建制度的基础是封臣和采邑，其目的是在领主阶级内部尽可能严格地对封地上的收益进行再分配。每个封建领主都与国王建立了一系列经济、政治和军事合约，国王通常是拥有最多土地或最强军事实力的领主。由于封建领主一直渴望拥有领主自治权和个人行使君主权力，因此这些同盟很容易被打破。

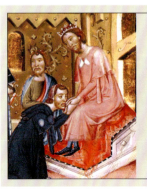

封臣宣誓

封地内所有居民均向领主宣誓作为其封臣，并通过领主向国王宣誓。骑士在领主的军队中服役并获得封地，负责维护领主土地内的秩序，并指挥军事行动。不存在永久的正规军，但是在抵御进攻或发起攻击等必要情况下，君主在领主各自军事力量的基础上又组建了一支军队。通常情况下，在农奴和农民中招募士兵。

◆ 封臣向巴塞罗那伯爵海梅一世（Jaime I）宣誓，15世纪细密画。

中世纪教会

行会和社团　城市发展加强了建筑行会的作用（左图为15世纪彩窗上的泥瓦匠）。14世纪初期，这些联合会变成了具有新思想的社团，这些秘密社团后来发展为共济会（法语"maçon"意为"石匠"）。

《勿忘你终有一死》　为了缩小一直以来导致抗议和暴动的巨大社会差距，教会提醒大众：上至国王，下至最穷苦的农奴，每个人在死亡面前都是平等的（左图为15世纪壁画《勿忘你终有一死》的代表性部分）。

神明裁判　领主之间的分歧通常通过决斗的方式加以解决。这种单人决斗的方式被认为是"神明裁判"。死亡或被打败的人被认定为罪魁祸首（左图为骑士决斗的场景，15世纪细密画）。

田间劳作，15世纪版画

农民

由于土地是基本的生产资料，而土地所有权就意味着社会和政治权力，因此，农业是主要的生产活动。农业劳动由农奴负责，他们的存在是土地所有权的一部分，与牲畜、水井或森林性质相同。此外，土地的价值也取决于居住在土地上的农奴数量。战争时期，征兵制度可将农奴变为士兵。教会从这种制度中受益颇丰，因为教会中地位最显赫的人拥有最多的土地。教皇与贵族之间的联盟是推动宗教改革运动的众多原因之一。

自11世纪开始，随着生产技术的发展，土地产出逐渐增多，剩余产品促进了贸易发展。很快，贸易范围不仅包括农产品，还包括提高产量的工具。

城镇　生产进步推动了手工业的发展，日常生活逐渐变得更为复杂，工具、衣服、鞋和其他生活必需品的供应商应运而生，城市成为商业活动的中心。在这些城镇中诞生了一个新阶级——有产阶级。

城市中的生活

　　封建制度的发展使贵族在城市兴起过程中起着决定作用。11世纪，城市成为税收集中地和市场所在地，封地的农民在市场中用剩余产品进行交换，或者将满足生存需要后的多余部分换成货币。这种双重功能使手工业活动逐渐在城市里聚集起来。在这些手工业活动中，制造农具的铁匠业得到了发展，同时也为农村生产力发展带来了技术创新。在城市生产力增长的热潮中，城镇里出现了一个新的阶级——有产阶级。◆

城市中的农民　随着失地农民、短工和无主农奴，乃至下层神职人员不断涌入城市，城市人口逐步增加。在城市中开始出现流浪汉阶层，他们屡屡在文学作品中被展现出来。

中世纪城市图片，哈特曼·舍德尔（Hartmann Schedel）的《纽伦堡编年史》（Liber Chronicorum）

大城市

　　贸易活动将商人汇聚在集市内，所有这些集市又被贸易路线连接在一起，贸易活动范围随着贸易路线延伸逐渐扩展。集市定期举行，每年一次或两次，集市同时也是一个文化密切交流的地方。由于不同的原因，其中一些集市所在地逐渐变成了大城市的中心。

城市特权　随着城市社会的崛起，人们要求拥有更多的特权，例如，可以选举市政府、制定税收政策并征税，组建自己的军队。

真正的发源地　城市成为新思想的温床，这些新思想与教会的教条主义和严格的社会等级制度相悖。城市自由度的提高也反映了一种新秩序。

城市自治

　　城市经济力量的集中刺激了城市中心自治的愿望。有产阶级把积累的部分资本借贷给封建领主或农村小型生产者，这种方式促进了人们对有产阶级的依赖。一些意大利城市率先践行了这一过程。

◆《好政府对城市的影响》，安布罗乔·洛伦采蒂（Ambrogio Lorenzetti）的湿壁画。

大型集市

圣但尼集市上的鞋匠铺，15世纪细密画

在罗马帝国的统治下，固定集市得到了发展，罗马帝国将其引入北欧，目的在于促进与被占领地区之间的贸易。西罗马帝国灭亡后，贸易也随之衰落，但在查理大帝的统治下，贸易活动又得以恢复。集市从当地市场发展而来，尤其是在旅客休息的中转站，以及人们参加宗教节日活动聚集的场所。7世纪，巴黎附近出现了最早的大型集市圣但尼集市。11世纪，德国科隆出现了复活节集市。

贸易　正如土地是封建制度的生产资料一样，贸易也成为历史发展的新引擎。有产阶级越来越多地开始投资购买土地，甚至管理教区什一税。上图为货币兑换商，14世纪细密画。

新贵族　有产阶级的许多成员通过联姻与落魄贵族建立亲属关系。由此，有产阶级就顺理成章地获得了当时为贵族保留的领主头衔。

手工业者

手工业者推动了有产阶级的发展，他们按照一定的等级秩序（熟练工、帮工和学徒等）和利益分配原则，以行会的方式组织起来。在各种手工业者集体的联盟中，出现了资本的共同利润增长，即利润盈余，继而逐渐演变为第一批旨在促进资本再生的金融实体。

❖ 硝皮匠，14世纪细密画。

城堡中的生活

　　位于战略要地的城堡通常是国王、封建领主和贵族成员的防御工事。自13世纪以来，由于缺乏便利设施以及进攻性武器的不断进步，人们不得不对城堡内部进行改造，改善其防御系统。出于各种原因，主要是因为战争，城外人口（大多是农民）倾向于定居在城内，而城墙最终因达到扩张极限而被废弃。◆

铁匠铺　金属的锻造在与驻军营房相连的车间进行。主要任务是修理或制造农具和士兵使用的武器，木匠也在附近工作。

塔楼　通常情况下，城墙上每隔一段固定的距离就会修建一座塔楼。塔楼中有守卫士兵站岗执勤，塔楼的高度能够让士兵及时发现远处的各种情况。

比赛、狩猎和宴会　在和平时期，贵族和国王沉迷于各种享乐活动。骑士们向贵妇炫耀。猎熊、鹿和野猪等狩猎活动，或者用训练有素的猎鹰捕猎鸟类等，为连续不断的宴会提供食物。在这种环境下，宫廷艺术诞生了。

中世纪城堡图解

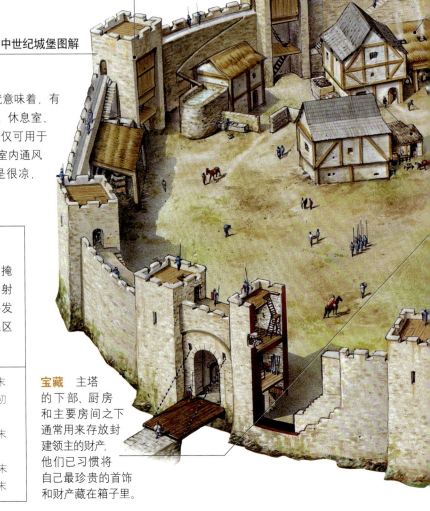

空间布局

　　城堡的防御属性使城堡内的空间受限，这就意味着，有限的空间必须满足各种用途，尤其是在边境地区。休息室、餐厅和厨房通常是共用一个房间，炉膛内的火不仅可用于做饭，而且能将墙壁的石头加热用于取暖。出于室内通风考虑，仅有的几扇窗户并不关闭，因此石墙总是很凉，而地毯和挂毯也不能维持足够的热量。

射击孔，确保射击时不被发现

　　炮塔和外墙的垛墙上有射击孔或炮眼，用于掩护城堡守卫者对外射击。在下图排序中，前三种射击孔只能射箭，后面的射击孔可用于射箭和火器发射。火药和火器的使用使城堡和其他有城墙的地区不再无懈可击。

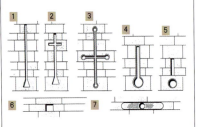

1. 12 世纪末
2. 13 世纪初
3. 13 世纪
4. 14 世纪
5. 15 世纪
6. 15 世纪末
7. 15 世纪末

宝藏　主塔的下部、厨房和主要房间之下通常用来存放封建领主的财产，他们已习惯将自己最珍贵的首饰和财产藏在箱子里。

面包房　在城堡被长期围困时，面包是最基本的内部供应。与面包房相邻的房间是面包师和其他仆役的住处。

城楼（城堡主楼）　城楼是城堡的主楼，也是城堡中防御最严密的所在，作为国王或封建领主权力的象征，城楼将被誓死守卫至只剩最后一人。

小圣堂　通常位于武器库下面，在侍女房间和粮仓附近。这里会有一个或多个教士主持宗教仪式，某些情况下，他们会长时间居住在城堡内。

城齿，垛墙上的防守

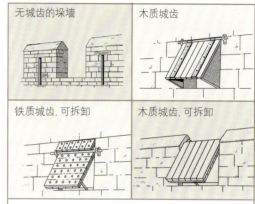

无城齿的垛墙	木质城齿
铁质城齿，可拆卸	木质城齿，可拆卸

　　垛墙之间的空隙导致城堡守卫者在墙后的移动被发现。这个问题在13世纪得到解决，办法是安装城齿和掩体墙，材质上可以是木质或金属的，安装上可以是固定的或可拆卸的。

厕所　通常位于僻静的地方。有些供仆役和穷人集体使用，而另一些则仅供贵族使用。产生的废水流入护城河。

正殿　城堡最高权力中心，领主在这里下达命令、接待尊贵的客人以及检阅军队。

地牢　通常位于塔顶或地下。囚犯或违法者在此关押受刑，这里的虐囚事件屡见不鲜。

吊桥

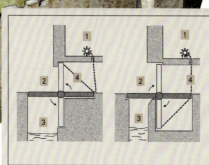

　　要进入被护城河或旱坝保护的城堡需要经过吊桥。吊桥是出入城堡的唯一通道，一旦升起就成为抵御进攻者的巨大屏障。吊桥基本上有两种形制，毫无疑问，第二种（左图）更有效。

1	护城河	3	主门
2	外墙	4	军队营房

城墙之后

加洛林王朝和中世纪各欧洲王国的分裂导致中小型自治实体出现，这些自治实体由贵族领导。城堡是组成这种政治拼图上每一个碎片的中心。在城墙内发展出一种独特的生活方式，表现为拥有独立自主的经济、文化和宗教。每个城堡都等同于一个小型王国，从而衍生出君主制宫廷生活。◆

加洛林王朝湿壁画《希律王之宴》

中世纪的大型庆祝活动

城堡领主和贵族只有一项工作：战争演习。和平时期，封建领主沉迷于各种享乐。他们最大的娱乐活动之一就是邀请附近的贵族出席宴会。这样的宴会往往要持续几天，只在进行决斗、比赛和其他各类竞赛时才告中止。比赛包括以吟游诗人为主导的诗歌才艺比赛。

加洛林王朝细密画中的宴会场景

美食仪式

宴会是一场真正的美食仪式。头道菜通常是一个或多个冷盘，冷盘多为甜食或水果。之后是肉类菜肴，在大斋期必须吃鱼，野鸡是最受欢迎的菜肴之一。食用的肉类多种多样：野味、鸡肉、阉鸡、雏鸽、孔雀、牛肉、猪肉，甚至天鹅肉等，肉类要搭配不同的葡萄酒享用。宴会最后以种类丰富的甜点结束。

世俗剧　封建领主在享用各种美食的同时，会观赏世俗剧这种小型文艺演出，通常由小剧团在各个城堡巡回表演。

为爱而战　无论是决斗还是诗歌比赛，骑士将贵妇作为追求目标是很普遍的现象。婚姻能够加强贵族间的政治和军事联盟。

封建领主作为宴会的主人坐在显赫的位置，同桌共餐者总是男性，很少有女性共享食物。女性通常在另一个房间里聚餐。

甜食 采用杏仁膏做成各式造型的杏仁饼。也可以作为"蛋糕表演"，如从蛋糕中变出活禽，这些美食表演一般伴随音乐呈现。

在对抗阿拉伯人的**战争中**，城堡发挥了重要作用。城堡在伊比利亚高原上的普及促使卡斯蒂利亚王国诞生，它对西班牙的发展和统一具有决定性意义。

一次著名的宴会

根据编年史记载，1476 年 2 月 16 日，在一个装饰着阿拉贡风格帷幔、花环和挂毯的地方，佛罗伦萨人本笃·萨路塔提（Benedetto Salutati）为阿拉贡国王那不勒斯的费尔南多一世（Fernando I）的儿子准备了一场宴会。肉类食物用橙花水烹饪，菜单中包括为每位食客提供的由松仁、蜜饯和果酱制成的"黄金蛋糕"，以及用鸡胸肉制成的肉冻。在这道"开胃菜"之后，是用 11 道由牛肉、野味、火腿、野鸡和山鹑制成的菜肴，宴会还为食客们提供了 50 种美酒。

❖ 14世纪的古籍中，卡斯蒂利亚人的生活场景。

"神明裁判"

在中世纪，两个竞争者在马背上用长矛进行的单人格斗被称为"决斗"，其目的是证明其中一人有权恢复名誉和权利，无论是关于爱情、荣誉还是财产。骑士通过决斗来证明他对武器的熟练操控。决斗中双方使用真正的攻击性或防御性武器，即使这样做会导致其中一人受重伤或死亡，甚至两败俱伤。决斗的结果被认为是"神明裁判"，因此不能申诉。◆

举行决斗，弗里德里希·马丁·冯·赖比施 (Friedrich Martin von Reibisch) 画作

举办比赛

中世纪时，所有城堡或带有城墙城市的高墙之外都有一个举行"神明裁判"的角斗场。这些角斗场里的战斗随时间推移，逐步演变成在平坦场地上举行的比赛。角斗场守擂者通过发布告示，邀请所有想要挑战的骑士前来参赛。

骑士

骑士团出现在十字军东征期间，骑士们随同十字军前往圣地，参与从阿拉伯帝国手中夺回圣墓教堂的战斗。他们虽然是教会的武装力量，但几乎所有骑士团行动都是出于经济或政治利益，而非宗教原因。

◆ 上图为圣殿骑士团的骑士。

马铠 自 12 世纪起，一种特殊盔甲被用于马匹防护，并在 16 世纪得到完善。这种用来保护马匹臀部的金属网叫作马铠。

下肢护具 下肢由护腿甲保护，防止大腿受伤；护膝保护膝盖；护胫甲保护小腿；短袜和铁鞋保护脚。

长矛 在决斗中，主要使用长矛和盾牌。每个进入角斗场的挑战者需要击败三支长矛。如果其中一名参战者将他的对手从马鞍上拉下来，即使长矛没有断裂也会被视为断裂。

徽章　中世纪骑士使用的武器通常是匕首、剑和长矛。由于封建领主经常发动战争,因此,每个家族的徽章上都有武器图案。

封建军队　封建军队的组织很简单,没有常设机构。当封建军队受到征召时,每个封臣和请战的骑士、弓箭手和步兵会一同到达集合地。

盔甲　盔甲由鳞甲制成或由"锁子甲"钢链编织而成,贵族们通常还会在里面穿着一种棉质紧身上衣,起到缓冲敌人武器击打的作用。

查理大帝　加洛林王朝的创立者利用宗教要素稳定军队,通过与教皇结盟与阿拉伯帝国相抗衡。在其去世后,他的军队如同帝国一样分崩离析。

军事演习　决斗或"神明裁判"中使用的武器可能会使人受伤或致死。相对而言,比赛里一般使用仿真武器,以免伤害对手。通常,比赛被认为是和平时期的军事演习。

骑士受封

　　骑士受封宣言会这样说:"主啊,我向你祈祷,请你授权并赐福这柄剑。你的奴仆希望佩戴此剑,用它保卫教会,用它帮助寡妇、孤儿和所有奴仆们免受异教之苦,用它勇敢地对抗强暴,用它抗击一切错误。阿门。"

◆ 卡斯蒂利亚骑士的受封仪式,13世纪细密画。

大学

　　中世纪，欧洲的大学以师生团体形式出现。"大学"一词（拉丁语为"universitas"）最早是指任意团体的行会，如鞋匠行会、皮匠行会或铁匠行会。随着时间的推移，这个词逐渐演变为在公会或教会领导下的机构，最终被定义为综合性研究中心。在这里逐渐发展出一种经验性思维方法，进而成长为培育现代化科学和文化的地方。教会的教条思想受到批判，被更为复杂、更加精心设计的概念形式所取代。◆

巴黎大学成立于12世纪中叶，初期坐落于巴黎圣母院旁边。13世纪时，它拥有了几所独立学院，其中包括于1257年成立的索邦神学院，这所神学院在中世纪享有盛誉。

标志性文化人物

亚里士多德 希腊哲学家亚里士多德被认为是理性和科学思想的典范，他深刻地影响了欧洲进步主义思想的发展。

圣奥古斯丁 他是连接古典时代和中世纪基督教文化的重要桥梁。他对柏拉图（Platón）和亚里士多德的特别推崇，深刻地影响了之后的几个世纪。

罗吉尔·培根 英国哲学家、科学家和神学家，是当时最著名的方济各会修士之一。他尤其强调经验知识和科学方法的重要性。

牛津大学全景

最古老的大学

英国牛津大学是世界上最古老的英语大学。它的成立日期不详，但是有档案记载的最早教学活动是在 1096 年。当英格兰的亨利二世于 1167 年禁止英格兰学生前往巴黎大学后，牛津大学得以迅速发展。最早的学生宿舍可追溯到这一时期，这些宿舍后来成为学院。牛津大学的主要竞争对手是不久后成立的剑桥大学。

查理大帝的法令在几个世纪后取得了成效。辩证法或逻辑学的教学逐渐重新唤起人们对思辨推理的兴趣，从而出现了经院哲学的基督教哲学。

查理大帝成功地将欧洲大部分地区纳入他的统治之下。为了统一帝国并使其强大，他决定推行教育改革。英格兰修道士阿尔琴制订了学校发展方案，旨在复兴古典时代的学问。

阿尔琴　制订了基于七艺博雅教育的学习方案："三学"或称文学教育（文法、修辞和辩证法）；"四术"或称科学教育（算术、几何学、天文学和音乐）。

新学校　自 787 年起，新学校开始建立。包括：修道院学校，由修道院负责；教堂学校，位于主教驻地旁；城市学校，由市政府主办巴拉蒂那学院，在宫廷附近。

演变　在 12 世纪和 13 世纪，根据查理大帝的命令创立的一些学校因其高水平的教学脱颖而出，并获得大学资格，这其中教堂学校尤为突出。

托马斯·阿奎那

哲学家和中世纪神学家（1225—1274），他是经院哲学最重要的代表人物，也是自然神学的第一个古典派拥护者，还是托马斯学派的创始人。他最著名的作品是《神学大全》（Summa Theologica）。在该著作中，他提出了"证明上帝存在的五个证据"。他于 1323 年被封为圣徒，1567 年被评为教会圣师，1880 年被封为所有天主教教育机构的主保圣人。

❖ 托马斯·阿奎那的寓言画，14 世纪。

神话与信仰

神话与信仰

教皇的权力

基督教成为罗马帝国的国教为时已晚。由于内部冲突、恺撒城与君士坦丁堡之间的霸权争夺以及日耳曼民族对西欧的不断侵扰，罗马帝国的荣耀已成为昔日的辉煌。那种靠经济实力、军事力量和意识形态凝聚力（指宗教力量）巩固权力的方式已无法适应新的政权。或许是出于这种原因，加洛林王朝从宣称自己是罗马帝国继承者开始，就加紧了与罗马教会建立牢固联盟的脚步。没有人比查理大帝更清楚地知道，如果没有宗教的精神凝聚力，加洛林王朝就无法稳固立足。查理大帝成为教皇的保护者，他一方面致力于扩大帝国边界，另一方面使被征服的民族基督化。

罗马教会致力于扼杀所有被称为"异端"的神学分歧，同时还发展出能让新政治实体在面临任何分裂或解体危险时可以运用的教义。这一进程的历史结果是日耳曼民族神圣罗马帝国的建立，及其日后与宗教改革所做的坚决斗争。

基督的本质

自313年君士坦丁一世（Constantino I）颁布法令起，特别是325年召开的尼西亚公会议之后，教会就教义达成共识，确定了教义的正统性，所有质疑教义的人将会被革除教籍。教义被定义为"真正信仰"的标准。后来，在第一次尼西亚公会议上，所有与教会官方教义不同的教义都被定义为异端。根据权威原则，主教是宗教经典真理的委托人，是被上帝启示的真理之源。

关于圣子与圣父关系的争论，即耶稣的本质是什么，是基督教最初几个世纪大部分争论的主题，因此被称为"基督论之争"。

一些教派认为耶稣是凡人，上帝选他来担任自己的先知。这些教派以"收养"来比喻耶稣与上帝之间的关系。这种学说就是人们熟知的嗣子说。

然而，在罗马教会中，基督作为神之子的理论变成了拿撒勒人耶稣化身为神之子，降世救赎人类的说法。这种学说被称为化身说。

关于基督本质的争论是对基督身上存在神性还是人性，或两者兼而有之的激烈的神学辩论。如果二者兼而有之，那么，接下来需要讨论两种性质之间的关系类型：它们是否融为一体？两种性质是否完全分开？如果完全分开，维系它们关系的方式是什么？

在这种背景下出现了阿里乌教派，这是由亚历山大教士阿里乌（Arrio，256-336）领导的神学教派，他可能是利比亚人。他认为，拿撒勒人耶稣不是神也不是神的一部分，而是造物主的创造物。教会曾在323年将阿里乌派视为反教义，尼西亚公会议上将其谴责为异端；否认耶稣的基督本质意味着将他的地位降低为非凡先知。

❖ **抄写员的工作**　（左图为12世纪一幅细密画中的场景）是修道士生活的主要任务之一。

❖ **圣本尼托** (San Benito，上图为 16 世纪绘画，圣本尼托和他的修道士在祷告) 是西方隐修生活的始祖与和平统一的使者。

❖ **圣伯尔纳**（San Bernardo，下图是他的个人印章）宣扬禁欲，坚持以贫穷作为修道士的美德。

最终，在325年召开的尼西亚公会议上，亚他那修（Atanasio）提出的教义获得了通过，他坚决捍卫化身说，最终导致阿里乌被流放。尽管"异端主教"阿里乌于336年被罗马教会赦免，但不久后就中毒身亡了。

持化身说观点的信徒和阿里乌教派信徒之间的争论持续了整个4世纪，甚至作为阿里乌教派信徒的皇帝也参与其中。君士坦丁大帝去世前，曾受阿里乌教派尼科米底亚的尤西比乌斯（Eusebio）主教洗礼。作为主教和传教

弗拉·多尔奇诺的
平均主义

多尔奇诺（Dulcino，1250—1307），又称弗拉·多尔奇诺或诺瓦腊的多尔奇诺，他是14世纪意大利的宗教领袖，是使徒兄弟派或称"多尔奇诺派"的创始人。他宣称时间尽头即将来临，圣灵降落在使徒兄弟的身上。教宗克莱孟五世（Clemente V）发起了针对多尔奇诺及其追随者的十字军东征，在此期间他被逮捕，被拷打并被以火刑处死。他声称时间终止迫在眉睫，秩序与和平将被重新建立。他批评教会攫取财富，宣扬禁欲是基督教的本质。

他被认为是现代乌托邦的先驱，坚持反对教会的等级制度，并要求罗马教会恢复其最初贫穷和谦卑的理想。他反对封建制度，要求将土地交给农民，并要求人们摆脱任何限制。他要求在互相帮助和尊重、财产共有和男女平等的基础上建立一个平均主义社会。

士的乌尔菲拉（Ulfilas）在日耳曼人中宣扬阿里乌派，尤其在赫鲁利人、东哥特人和汪达尔人之间。381年召开君士坦丁堡会议后，阿里乌教派最终被谴责且在天主教世界被视为异端。然而，直到6世纪，阿里乌派仍是日耳曼人的官方宗教。最后一位维护阿里乌派的日耳曼国王是西哥特国王利奥维吉尔德（Leovigildo）。

❖ **基督** 作为神之子,他是基督教内部最具争议的话题之一。左图为 13 世纪耶稣受难像。

热罗尼莫斯修道院

❖ ❖ ❖

对于罗马教廷奢侈的强烈批评,教会内部出现了维护禁欲主义的运动。14世纪中叶,一些想模仿圣热罗尼莫 (San Jerónimo) 生活的隐士自发组织起来。其中包括佩德罗·费尔南德兹·佩查 (Pedro Fernández Pecha) 和费尔南多·亚涅兹·德·菲格罗亚 (Fernando Yáez de Figueroa),他们决定按等级组织起来。1373 年 10 月 18 日,教宗格里高利十一世 (Gregorio XI) 签发圣谕,授予这些隐士教职等级,仿效圣热罗尼莫精神。

其他分歧

作为阿里乌派的反对教派,出现了所谓的"阿波利",但其理论也被罗马正统观念视为异端。在老底嘉的亚波里拿里 (Apolinar) 的启发下,这一教派确信基督的本质不是人,当他化身为没有灵魂的肉体时,实际是神灵,他的灵魂已被圣子取代。因此,为了照顾罗马教会的意愿,救世主的人性被扭曲了:当否定基督的人类灵魂时,他的形象就成为一具被上帝操纵的肉体。374年至377年的罗马大公会议上,由于拒绝承认基督具有完全的人性这一天主教教义,导致亚波里拿里的观点被教宗达玛稣一世 (Dámaso I) 正式谴责,381年召开的第一次君士坦丁堡公会议上也如此。阿波利拿留派的领袖被皇帝狄奥多西一世 (Teodosio) 处决,其追随者被流放。

聂斯托里派

基督论之争因另一个"异端"变得更为复杂,即聂斯托里派,之所以得此名称,是因为它是由生于叙利亚的修道士聂斯托里 (381—451) 提出

的,聂斯托里曾出任君士坦丁堡主教。这使他不得不与亚历山大宗主教西里尔 (Cirilo) 抗衡,后者坚决捍卫人类的独一无二属性和基督形象神性这一说法。

431年,聂斯托里派和西里尔的支持者均受召参加以弗所公会议。神学讨论的主题是圣母玛利亚 (Virgen María) 的称号。按照聂斯托里派的观点,圣母玛利亚的形象仅被认为是克里斯托科

❖ **君士坦丁堡** (下图)在与罗马争夺基督教霸权的斗争中,成为持不同政见者的摇篮。

❖ **圣彼得**（San Pedro，下图），被认为是第一任教宗，他在罗马殉道，因此，这座城市有资格成为基督教的中心。

斯（希腊语，意为"基督之母"），那么，耶稣就成为凡人。如果像西里尔的支持者所捍卫的那样，圣母玛利亚是上帝的母亲，那么，她的本质就是神性。最终，西里尔提出的观点被采纳为教义：玛利亚被赋予"上帝之母"的称号，聂斯托里派最终被谴责为异端。

聂斯托里派被逐出罗马帝国，在萨珊王朝找到了避难所，并在那里建立了自己的教会。聂斯托里派教会在保存古希腊文稿方面发挥了重要作用，这些文稿被译为叙利亚语（阿拉姆语的一种地域变体），后又被译为阿拉伯语和拉丁语。有趣的是，其中很多翻译工作是在查理大帝下令创建的加洛林王朝的学院中完成的。毫无疑问，尽管存在各种宗教协议，查理大帝与罗马教皇缔结的同盟确保控制权仍掌握在皇帝手中。

卡特里派运动

尽管所有的教派都

与不同派系的政治、社会利益相关，但是，卡特里派教义的特征尤为明显。它是一场具有诺斯替派特点的宗教运动，10世纪中叶传播到西欧，并在12世纪中叶左右成功扎根于朗格多克地区。在那里，它受到一些封建领主的保护，他们是在阿拉贡王国分裂后获得自治的附庸。

卡特里派，也被称为阿尔比派，是一支强大的宗教文化运动力量，是新社会秩序的推动者，尤其是在土地所有权的公平问题上。他们试图恢复基督教早期的福音精神，并在进行土地分配的广大农民以及与贫苦阶层保持密切联系的低级教士群体中传播。他们反对天主教会的专制和镇压手段，并声称人类有可能达到一种独立于天主教机构的精神发展状态。

根据卡特里派对福音的理解，"上帝之国"应在这个世界得到承认，因为上帝创造的一切都融入了神的本性。因此，土地应是神的财产而不是人的财产，因而不能提及任何有关所有权的观点。在物质世界，邪恶、战争、教堂、军队和教皇是撒旦的杰作，根据其自身定义，上帝代表着完美的爱与善。

1147年，面对卡特里派的发展，教宗尤金三世（Eugenio III）最终采用武力镇压，这一行动获得了法国王室的支持。为了彻底根除"异端"，教皇英诺森三世于1209年组建了所谓的"阿尔比派十字军"，肆无忌惮地屠杀许多卡特里派团体。

神圣帝国，民族国家

神圣帝国正式成立于 962 年，起源于加洛林王朝分裂的三个地区中的东部地区。从那时起，神圣帝国作为在中欧占据统治地位的政治实体一直延续了近千年。"神圣帝国"的含义在几个世纪中变化很大。1034 年后，"罗马帝国"一词指康拉德二世统治下的土地，直到 1157 年，在"巴巴罗萨"腓特烈一世（Federico I Barbarroja）统治时期，才开始使用"神圣帝国"一词。另一方面，"罗马皇帝"一词指欧洲北部地区的统治者，首次使用该词的是"嗜血者"奥托二世（Otón II el Sanguinario，967–983 年在位）。在他之前的皇帝，

从 814 年逝世的查理大帝，到 962 年至 973 年在位的皇帝奥托一世，都仅使用了"奥古斯都皇帝"的称号。1254 年起，"神圣罗马帝国"一词开始使用。起初，帝国由不同民族组成，相当一部分贵族和政府官员来自日耳曼语言区以外。在帝国鼎盛时期，它的疆域包括当今德国、奥地利、瑞士、列支敦士登、比利时、荷兰、卢森堡、捷克共和国和斯洛文尼亚的大部分地区，以及法国东部、意大利北部和波兰西部。他们的语言除斯拉夫语外，还包括很多方言，以及德语、意大利语和法语的各种变体。另一方面，由于它逐渐成为由王国、教会领地、主

教国、公国、伯国和帝国自由城市组成的松散政治联盟，因此，它与现代国家相比实际上徒有其名。

正如前缀"神圣"一词所表明的，帝国的概念不仅指拥有特定领土的政府，还具有强烈的宗教意味。长期以来，它在基督教世界的其他统治者中保持着首要地位。直到 1508 年，基督在尘世的代言人教皇为德意志国王正式加冕，他们才被视为皇帝。如此一来，帝国可以被描述成一个国家和一个宗教联盟的结合体。因此，帝国模式被认为是查理大帝和罗马教皇之间的战略联盟，并不是毫无根据的。

❖ **查理大帝**在整个帝国境内推动了广泛的文化工作，上图为皇帝接见修道士阿尔昆，让·维克多·施奈茨（Jean Victor Schnetz）的画作。

异端

　　教会早期，对异端的惩罚通常是革除教籍。4世纪，当罗马皇帝将基督教作为国教后，异端成为国家的敌人。宗教裁判所，或称神圣法庭，负责对"异端"施加极端惩罚。"信仰敕令"迫使信徒在面临被革除教籍的惩罚下揭发异端和共犯。"恩典令"给予异端15~30天的期限坦白罪行，在此期间不没收其财产，不判处终身监禁或死刑。这虽然能让信徒自我检举，但也导致大量人相互揭发。◆

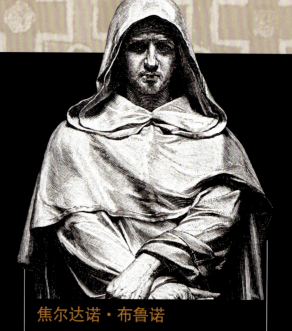

焦尔达诺·布鲁诺

　　意大利人焦尔达诺·布鲁诺(1548—1600)17岁时进入宣道兄弟会，在那里学习亚里士多德哲学和托马斯主义他拒绝供奉圣像，只接受耶稣受难像。1566年，因被怀疑为异端接受了第一次审判。根据教宗克莱孟八世(Clemente VIII)的命令，他被逐出教会，于1600年2月17日在罗马被以火刑处死。

❖ 上图为焦尔达诺·布鲁诺的雕像。

亚历山大长老阿里乌画像

阿里乌教派

　　长老阿里乌(256—336)是安提阿教会学者路迦诺(Luciano)的学生和亚历山大的牧师，他认为上帝(圣父)是从虚无中创造了逻各斯(Logos，圣子)。根据他的说法，如果圣子诞生之前存在时间，那么圣子就是上帝的孩子，而不是上帝本人。基督是神，但他的神性不及圣父那么大，因此不能称为真神。他的主要作品是"塔利亚"，如今已消失，就像他的其他作品一样，都被烧毁或列为禁书。325年，阿里乌教派被尼西亚公会议定为异端，但它在哥特人和其他日耳曼民族中幸存下来。

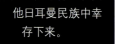

加洛林王朝的珐琅青铜耶稣受难像

三位一体

　　最热门的神学话题之一便是圣父、圣子、圣神三位一体。另一个矛盾焦点是圣母玛利亚作为上帝之母的本质。在这些激烈的讨论中，产生了被教会谴责为异端的不同倾向。这些对抗最终导致1054年罗马教会与总部位于君士坦丁堡的东正教的分裂。面对由路德和加尔文(Calvino)领导的宗教改革浪潮席卷德意志民族的神圣罗马帝国的情形，罗马教皇通过强化宗教裁判所来应对。

"宗教裁判所烧死女巫"，H. 格罗弗特(H. Grovert) 作品

宗教裁判所

　　1184年，教会在法国南部的朗格多克建立中世纪宗教裁判所，这是其他所有宗教裁判所的雏形，主要目的是打击卡特里派或阿尔比派异端。1232年，王国也成立了宗教裁判所，但这次是以王室的名义成立的，因此具有国家特征。阿拉贡和卡斯蒂利亚合并后，宗教裁判所也被称为神圣法庭，被哈布斯堡王朝的西班牙君主直接控制，哈布斯堡王朝的行动范围后来扩展至美洲。宗教裁判所是历史上最残酷的镇压机构之一。罗马的宗教裁判所直到1965年才被取消。

帽兜或四角帽是囚犯必须戴的，这是耻辱的象征。同样，他们被强迫穿一些表明身份的特殊服装。此外，囚犯及其家人或居住的社区都可能受到指控和审判。

西班牙**宗教裁判所**对犹太人的迫害尤其残酷，甚至在 1492 年犹太人被大规模驱逐后依然如此。它甚至要求犹太人提供血统纯洁证书，以此迫害那些被怀疑是犹太人后裔的基督徒。

囚犯要受到严厉的审讯，但在遭受酷刑之后，他们的"认罪"实际上已经被提前确定。无数"异端"被判处死刑，在公开的"信仰审判"中，火刑十分常见。

伽利略·伽利莱

伽利略·伽利莱（1564-1642）是意大利天文学家、哲学家、数学家和物理学家，文艺复兴时期科学革命的伟人之一。他坚信，地球围绕太阳旋转（日心说），这与教会的主张恰恰相反（地心说），因此他遭到宗教裁判所的迫害，被指控为宗教改革的支持者，被宗教裁判所囚禁多年。

❖ 伽利略·伽利莱画像。

大公会议

在大部分教会中，几乎所有基督徒都承认前四次"世界性大公会议"的权威。这些会议确定了三位一体的教义和圣母玛利亚的本质。325年，尼西亚公会议驳斥了亚历山大主教阿里乌的理论，阿里乌否认基督具有完全的神性。后来，随着讨论的继续，381年，第一次君士坦丁堡公会议重申了尼西亚公会议的教义和信条。5世纪初，聂斯脱利派主教提出玛利亚时否定其"上帝之母"的称号。431年的以弗所公会议和451年的迦克墩公会议则确定了圣母的地位。◆

迦克墩公会议于451年在小亚细亚的迦克墩城召开。这是基督教世界前七次大公会议中的第四次。这次会议否定了优提克斯（Eutiques）主张的基督一性论，确立了基督的神性和人性并存。

拉特朗公会议于1123年在罗马的拉特朗圣若望大殿召开。这次会议禁止神职人员结婚、拥有情妇和与妇女同居。限制犹太人的权利，强迫他们在街上穿着易于识别其身份的服装。

尼西亚公会议

阿里乌教派认为，基督的诞生是在上帝永恒存在之后，因此不可能是神。尼西亚公会议驳斥了这一观点，声称："天主教会要诅咒以下这些人，那些说基督不是真神的人，说基督不是真人的人，说基督是没有人的灵魂的人，或者说是由其他物质或要素组成的人，说基督是受造者，或者说基督是易变或可变的人。"此观点后来又被加入几个条款，并删除最后一段的诅咒，这就是现在所谓的"尼西亚信经"的基础，它是被普遍接受的基督教信条。

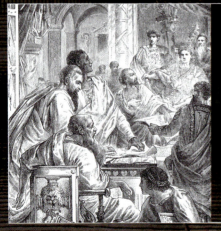

◆ 尼西亚公会议场景，19世纪复刻品。

格列高利一世（San Gregorio Magno）形象，6 世纪

君士坦丁大帝半身像

第一次世界性大公会议

罗马帝国皇帝君士坦丁战胜李锡尼（Licinus）后，致力于解决教会各主教之间的争端，此时，教会的团结已岌岌可危。为此，他举办了一次召集所有主教参加的大公会议。325 年 5 月，主教们来到位于君士坦丁堡附近的小亚细亚的尼西亚城。这次大会是历史上第一次世界性的普世公会议。

格列高利一世

圣额我略一世（540-604）是罗马教会圣师，50 岁时被选为罗马主教。他捍卫了教皇的绝对权力，并致力于神职人员和修道院生活的改革。他在多次大公会议上与聂斯脱里派异端做斗争，起因于基督的二性本质：人性和神性。他为基督学做出了重要贡献。

克莱孟五世在 1305 年至 1314 年期间担任天主教会教宗。1307 年，向圣殿骑士团借贷的法兰西"美男子"腓力四世下令逮捕所有圣殿骑士，克莱孟五世随后将圣殿骑士团逐出教会并解散，国王的债务就以这样的方式被免除了。

教宗若望八世主持特鲁瓦会

特鲁瓦宗教会议

约 1128 年，特鲁瓦宗教会议在法国城市特鲁瓦召开，圣殿骑士团在本次会议上得到正式承认。会议期间，明谷修院院长圣伯尔纳铎和一位名叫让·米歇尔（Jean Michel）的牧师受命草拟圣殿骑士团规范，并由会议成员审阅批准。圣殿骑士团规范与西多会规范有很多相似之处，都是旨在复兴严格的本笃会规范。圣殿骑士团创立时自称"骑士僧团"，以守贫、禁欲、贞洁和服从为原则。圣殿骑士团初期有几个名字，例如，"基督的贫苦骑士团""圣城骑士""耶路撒冷所罗门的圣殿骑士"和"所罗门圣殿的耶路撒冷神圣骑士团"。最后逐渐确定为"圣殿骑士团"这个名字。

教会圣师

教会圣师是教皇或大公会议授予某些圣徒的头衔，以肯定他们的学说使教会受益良多。他们不仅对基督教的发展产生了特殊影响，还由此奠定了教会教义的基础。罗马教会最初的四位圣师是：安布罗斯（Ambrosio）、斯特利多的哲罗姆、希波的奥古斯丁和格列高利一世。

❖ 四位教会圣师，雅各布·乔登斯（Jacob Jordaens）作品。

罗马教皇

　　天主教会的管理建立在耶稣使徒继任者（主教）的权威基础上，大公会议由宗主教负责召集并主持。对罗马天主教徒来说，宗主教就是罗马主教，称为教皇，因为使徒彼得和保罗都是在罗马殉道的。这也是自11世纪以来，西方基督教承认罗马教会作为其他天主教会之首的原因之一。与只拥有一个使徒的其他城市相比，罗马有两个使徒的事实赋予了罗马更高的权威，罗马也因此成为教皇居住地。◆

罗马，圣彼得王座

　　人们对彼得在罗马的埋葬地点一直存有疑问。《约翰福音》（Evangelio de Juan）撰写于约1世纪末，这个时间彼得已经逝世，书中并未说明其殉道地点，但却清楚地指出，他是在十字架上被处决的（《约翰福音》，21）。从彼得第一封信的最后几段可以推断出他殉道的地点是罗马，但彼得声称这封信是在"巴比伦"写成的。《启示录》（Apocalipsis，14，8，16）和犹太启示文学、拉比文学中对巴比伦和罗马做了区分。

　　◆ 教宗西尔维斯特一世（Silvestre Ⅰ）在其教宗御座上，拉斐尔（Rafael）作品。

主教冠　5世纪，东方教会中主教所戴的无边半圆形小帽子是辨别其身份的标志，但并没有宗教意义。主教冠第一次被提及是在一些11世纪的手抄本里，第一份谈到主教冠的文件是教宗利奥九世（León Ⅸ）于1049年颁发的圣谕。

渔人权戒　渔人权戒由罗马主教使用，作为使徒圣彼得的继任者，罗马主教显然是天主教会的首脑。

教宗牧徽　中世纪盛行纹章，并发展出世俗纹章学。对教士来说，形成了教会纹章学，遵循世俗纹章学的规则来确定纹章图案，但在其周围添加了教会性质的象征和符号。

梵蒂冈圣彼得广场全景图

梵蒂冈和圣座

　　圣座是教皇作为天主教会领袖的教务职权，不同于梵蒂冈城国。圣座被国际法承认，在权利义务上等同于主权国家，可与其他国际法主体缔结外交关系。由于罗马主教是圣彼得的继任者和罗马天主教会的最高领袖，因此，教皇及其领导的圣座代表天主教会内的最高权威。

教宗马尔班二世

　　马尔班二世（1042—1099）是1088年至1099年的天主教会教宗。他因发起反对中东的第一次十字军东征而闻名，但他在攻陷耶路撒冷前就去世了。他还确立了罗马教廷如今的形式。

❖ 教宗马尔班二世为十字军战士赐福。

首位拥有教宗牧徽的是教宗依诺增爵三世（Inocencio III，1198—1216在位）。通常，教皇采用带有其家族元素的纹章，或以自己宗教生活理想的象征标志组成纹章。

钥匙　传统上，教皇在他的徽章周围佩戴两把"交叉"的钥匙，一把是金色的，一把是银色的，它们分别象征宗教力量和世俗力量。通常，它们用浅浮雕的方式刻于纹章背面或上方。

圣彼得纪念碑

圣彼得

　　根据《马太福音》（Evangelio de Mateo，16：13—20），耶稣对当时名为西门（Simón）的使徒说："约拿（Jonás）的儿子西门，你是有福之人，因为这不是血肉指示你的，而是我在天上的父启示你的。我还要告诉你，你是彼得，我要在这磐石上建立我的教会，地狱的权柄不能胜过它。我要把天国的钥匙交给你，凡你在地上所捆绑的，在天上也要捆绑；凡你在地上所释放的，在天上也要释放。"圣彼得被认为是罗马第一任教宗。

修道院

　　"修道院"一词源自希腊语词根"monos"（意为"独自，孤独的"），因为最初所有基督教修道士都是隐士。耶稣死后不久，基督徒的修道院生活就开始了。早期基督徒财产共有，过着献身上帝的生活。6世纪，圣本笃建立了本笃会团体，并制定了和睦共处的规则。他的追随者放弃了所有个人财产（绝财），终身不娶（绝色），服从教会命令（绝意）。◆

圣伯尔纳铎

　　1112年，22岁的圣伯尔纳铎（1090—1153）进入了西多会修道院。后来，他被派往克莱尔沃，建立一座新修道院并担任负责人，他仅和20位同伴就完成了这项任务。几年内，他拥有了130名信徒。这些修道士离开克莱尔沃修道院，建立了其他63座修道院。圣伯尔纳铎因特别强调对圣母玛利亚的尊崇，导致他在许多场合被谴责为异端。

❖ 圣伯尔纳铎，14世纪木版画。

其他修道院

卡西诺山修道院　529年，由圣本笃在废弃的罗马阿波罗神庙的基础上建立。577年左右，该修道院被贝内文托·佐通公国的伦巴底人摧毁。8世纪初，遵照教宗格列高利二世（Gregorio II）的命令，布雷西亚诺·佩特罗纳斯（Bresciano Petronace）筹集捐款重新修建它。

拉索夫－马哲尔修道院　1079年，由本笃会修士在两海之间（Entre-Deux-Mers）建立，环绕修道院的森林是无法进入的。修道院建成后，修道士开始清理周围环境，以便发展农业和畜牧业。随后，它逐渐成为一个重要的生产中心，直到最终与当时的贸易活动联系在一起。

文书房 这里是修道士用于抄写手稿或以加洛林小写体"美化"手稿的房间。这项工作可与图书馆档案室和音乐创作相媲美，使修道院成为中世纪欧洲的文化中心。

圣格列高利一世

圣格列高利一世（540–604），是早期教会圣师中的第4位，他坚决捍卫罗马主教至高无上的地位，同时致力于改革神职人员和修道院的生活。他与聂斯托里派异端做斗争，并创建了7座修道院，最后一个位于他的家乡罗马，叫作圣安德肋本笃会修道院。他本人于575年（35岁）开始修道院生活。他曾担任教会执事，还曾作为教皇特使出使君士坦丁堡。590年被选为教宗。

❖ 圣格列高利一世形象，15世纪画作。

波夫莱特 1526年起，修道院院长凯萨尔（Caixal）用石头建造了教堂的祭坛（1526–1531）。后因建造费用极高，以至于修道士们发起反对院长的叛乱，他们以欺诈的罪名判处院长终身监禁。

波夫莱特修道院的回廊

细密画中的城市

为了使修道士与世隔绝，修道院必须自给自足，在这一要求下，修道院逐渐转变为大型的生产单位。此外，特殊的建筑结构也将修道院清楚地分隔为三个活动空间：祷告、工作和休息。

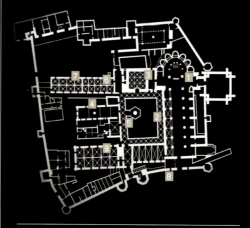

1. 教堂	4. 饭厅	7. 图书馆
2. 回廊	5. 厨房	8. 围墙
3. 修士会堂	6. 文书房	9. 仓库

波夫莱特修道院

加泰罗尼亚的波夫莱特修道院是由巴塞罗那伯爵拉蒙·贝伦格尔四世（Ramón Berenguer IV）创建的，他于1150年将波夫莱特（拉丁语：Populetum）的土地捐给法国丰弗鲁瓦德修道院（或称丰特弗莱达修道院），当时的修道院院长是桑丘（Sancho）。这块飞地满足西多会建议修建修道院的条件，那就是，既可以保持与世隔绝的状态，又有充足的水源和广阔的空间发展农业。1153年，在修道院院长格劳（Guerau 或 Gerardo）的领导下建立了第一个社区。

礼仪者佩德罗（Pedro el Ceremonioso）于1340年下令，创建波夫莱特修道院的皇室和贵族公墓。墓地的选择伴随着大量的捐赠：土地、人力和钱财。此外，还建造了私人教堂，例如，乌赫尔教区和阿尔根索拉的私人教堂。加泰罗尼亚最重要的家族也赞助修道院，特别是乌赫尔伯爵、塞韦拉伯爵、卡多纳伯爵和普奇韦特伯爵。

修道院院长的权威

修道院院长（源于阿拉姆语"ab"，意为"父亲"）是修道院最高权威的头衔。这一名称起源于埃及和叙利亚的修道院，在欧洲首次使用者是圣本笃。最初，它并不意味着对宗教团体的某种权威，而是向任何年长或品德高尚的修道士表示敬意和尊重的称谓。

❖ 修道士向院长呈上手稿，11世纪细密画。

教职等级

教职等级的产生是修道士集体生活的结果，这些修道士首先是隐士，并与其他相似的修道士一同过着宗教生活。这些修道士遵守着共同的宗教生活方式和命名规则，他们的共同愿望是过着像耶稣门徒一样的使徒生活，无论是通过劳动遵循一种积极的模式，还是默祷模式，如"奉献生命"。11世纪末期，教职等级开始出现并发展起来。◆

经济发展在修道院中愈加显著，与最初的禁欲截然相反。为此，圣伯尔纳铎（上图）开展了一次试图恢复绝财誓愿的改革。

努西亚的圣本笃圣像，15 世纪

本笃会

由努西亚的圣本笃（480—543）于529年所创，其规章在蒙特卡西诺修道院制定的规章基础上所建。努西亚的圣本笃为基督教在欧洲传福音做出了决定性的贡献，这就是他被称为欧洲守护神的原因。遵循他的榜样和启示，各宗教团体的创立者皆以圣本笃留下的法则为基础，制定修道院的规章制度。圣本笃的基本原则是"Ora et labora"，即"祈祷与工作"。

加尔默罗会 12 世纪左右，圣贝托尔德（San Bartolo）和一群隐士归隐于卡梅尔山，并在此创建了加尔默罗会，他们是卡梅尔山圣母的信徒。上图为教宗洪诺留三世（Honorio III）向加尔默罗会赐福。

14 世纪亚西西的圣方济各 (San Francisco de Asís) 组画

方济各会

方济各会或小兄弟会可追溯至 1209 年，在这一年，亚西西的圣方济各获得了教宗意诺增爵三世对一份简单法则的非书面批准，此法则是圣方济各为其第一批追随者准备的行动纲要。法则的原始版本并没有流传至今，后被圣徒重写，并于 1223 年由教宗洪诺留三世确认。贫困和默祷是这一法则的主要内容。

熙笃会

为严格遵守本笃会规范，熙笃会修道院的修道士们制定了自己的规范，并创建了一个新修会：熙笃会。与其他修会不同，修道院院长在组织学习、祈祷和工作方面享有极大的自主权。

◆ 建于13世纪的一座熙笃会修道院的钟楼。

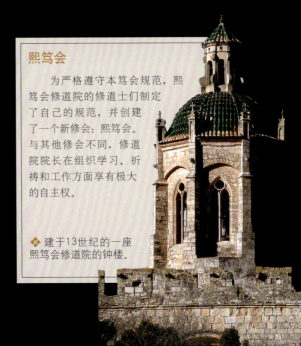

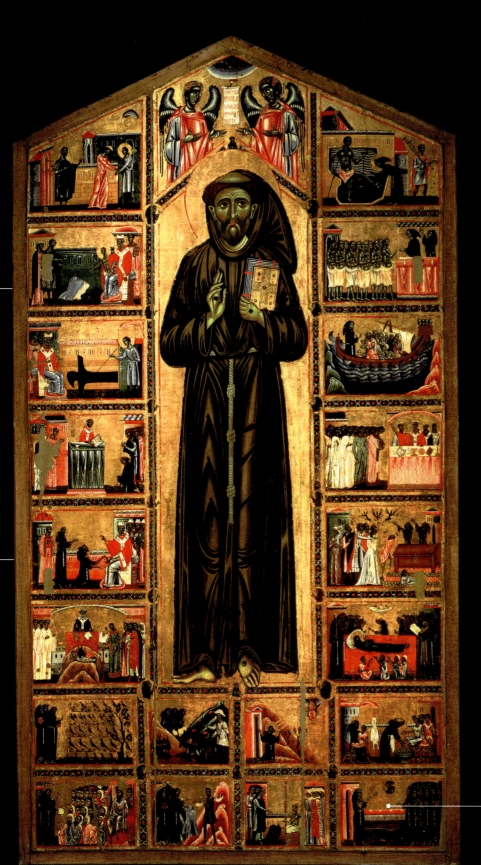

奥斯定会

　　奥斯定会由教宗依诺增爵四世（Inocencio IV）于1244年创建，其目的是统一意大利托斯卡纳地区众多遵循《圣奥古斯丁法则》（Regla de San Agustín）的修道士团体，该法则由希波的圣奥古斯丁颁布。修道士身着黑衣，束皮带。著名的奥斯定会修道士有：马丁·路德、格雷戈尔·孟德尔（Gregorio Mendel）和诗人路易斯·德·莱昂（Luis de León）。

❖ 奥斯定会修道士塑像，14世纪。

方济各会修士居住的**禅房**极为简朴，以此力图实现基督宣扬的谦卑。禅房里只有休息和冥想的空间，并且修士们要在里面忍受冬季的严寒和夏季的酷热。

文化遗产

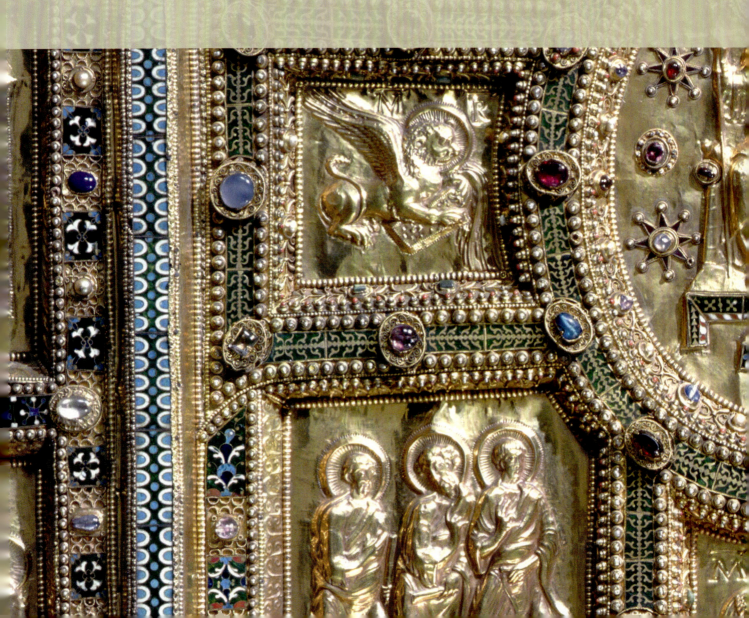

文化遗产

加洛林文艺复兴

虽然查理大帝所受教育有限，但他具备政治智慧，他深知没有文化作为基础，他的帝国梦将无法实现。仅凭恢复古罗马权力的口号，还不足以团结和动员文化如此不同的民族。查理大帝深知他需要推动一场有利于帝国扩张的意识形态运动，为此，他大权独揽。在与罗马教会建立牢固的联盟后，他维系神职人员，确定了他们的等级制度和领土权力，并组建了官员网络。

查理大帝非常清楚，最后的胜利不在于消灭敌人，而在于通过构建共同的思想体系，从思想上彻底击败和战胜他们。他以同样清晰的思路，由内向外发布了关于文化的倡议，这一倡议让被征服的民族感到鼓舞，他的最终目的是建立一个强大而连贯的文化组织。

该倡议最终成为一场重要的文化运动，构成了所谓"西方文明"的决定性阶段之一。当然，这一文明或文化范畴至今仍受到质疑，因为它只是简单强调了欧洲中心的文化发展，而否认部分起源于美洲的文化事实。

两个阶段

为了推进他的帝国计划，查理大帝意识到，仅靠让当时最有智慧的人辅佐自己，并听取他们的建议是远远不够的。波爱修斯（Boecio）、卡西奥多罗斯（Casiodoro）和圣依西多禄（Isidoro）等前人的学术成就也必不可少，为此需要一个自觉且强大的组织将他们的文化遗产汇聚在一起，并在整个西方基督教产生影响。

加洛林王朝凭借统一世界的雄心和成为罗马帝国继任者的努力，着手推动古典时期的文艺复兴，特别是希腊文学的复兴。

人们普遍认为，所谓的加洛林文艺复兴经历了两个阶段：第一个阶段持续至查理大帝去世，其特征是他的进取精神和开拓精神，以及参与伟大事业的人们的热情；第二阶段是成熟到辉煌的阶段，这个阶段一直持续至877年秃头查理去世。

加洛林文艺复兴的决定性动力是亚琛宫廷的巴拉蒂那学院。来自不同国家的哲学家、文学家和艺术家聚集于此，他们因相同的普遍主义理想团结起来，为了共同的任务而合作。当然，这场文化事业依旧披着天主教的外衣，就好像天主教可以保证其劳动成果有一个持久而确定的未来一样。

另一方面，由于学者和文人集中在一起，便于进行学术和人际交流，这在一定程度上消弭了当时知识分子之间普遍存在的隔阂。查理大帝成功地让曾在修道院工作生活、完全与世隔绝的知识分子重新融入社会。这是他将文化社会化的一种方式，因为当时的文化是掌握在少数精英手中的。

当音乐家、法学家和抄写员之间的聚集融合更为自由后，加洛林文艺复兴也开始影响天主教的礼拜仪式。由于作家诗歌作品和风格的多样性，拉丁赞美诗的基本旋律在9世纪得到充分的发展。这种影响是显而易见的，尤其是在文学种类和文艺水平的恢复方面，主题更加多样，音乐不断丰富和创新。

❖ **走向现代性** 圣徒和天使的形象逐渐趋向现实世界的人物形象。左图为10世纪的两个雕刻品。

❖ 木制品在亚琛宫廷中获得较大发展，上图为沃尔维纽斯大师（Maestro De Volvinio）于 10 世纪雕刻的耶稣基督的生活。

❖ **透视法**　乔托（Giotto）是追求深层透视法发展的人物之一。下图为作者系列画的细节图。

沙特尔大教堂火灾

❖❖❖

1194 年，沙特尔大教堂被大火焚毁后需要重建。在新教堂建造过程中，艺术家们不再像之前那样在玻璃上绘制人物，而是用铅条固定彩色玻璃片。1200 年至 1235 年，100 余扇大窗户被安装了彩色玻璃，总面积达 2000 平方米。这些工程由许多赞助者出资，上至国王路易九世、他的母亲卡斯蒂利亚的布兰卡和布列塔尼伯爵，下至众多的商人、泥瓦匠、工匠和挑水夫，他们希望通过自己的名字被刻在纪念圣母玛利亚的大教堂上的方式被载入史册。这些赞助者想要和自己的守护神在一起的愿望，也解释了为什么沙特尔大教堂的布景有很多专用于各位圣人的彩色玻璃。

❖ **珐琅技术**被阿拉伯帝国的加洛林艺术家所采用。右图为珐琅金属洗礼池。

主角

对许多评论家来说，加洛林文艺复兴是一次重要的文化运动，其意义可能大于它所继承作品的美学价值。作为意大利文艺复兴的先驱，它首次向古典时代致敬，让希腊和罗马成为真理与美丽的典范。为此，加洛林王朝毫不犹豫地将古典主义和基督教融合在一起。从教皇本人开始，加洛林

王朝对罗马教会的控制即显而易见，这使它可以无视教皇国面对一些革新思想经常采用的异端指控。

响应查理大帝号召的第一批作家包括：比萨的彼得，他是一些宫廷诗歌和一本语法书的作者；阿奎莱亚的保利努斯（Paulino），他是著名诗人和编年史家。然而，约克的盎格鲁－撒克逊人阿尔琴成为加洛林文艺复兴最关键的人物。他于 786 年加入巴拉蒂那学院，并很快成为该校的负责人。

伦巴第人保罗·迪亚科诺（Pablo Diácono，720－800）是巴拉蒂那学院的另一位杰出人物，由于在宗教和世俗领域的出色表现，他成为最引人注目的人物之一。作为散文作家，他因《伦巴第的历史》（Historia de los Longobardos）和《圣额我略一世的一生》（La vida de Gregorio Magno）而名声大噪。作为诗人，他的礼拜赞美诗《赞美施洗者圣约翰》（In laudem Sancti Iohannis Baptistae）和《科莫湖之歌》（Versus in laude Larii laci）与他的书信体诗、众多宫廷诗作，尤其是他的故事集完美共存。

艾因哈德是加洛林文艺复兴第二阶段的代表人物，792 年前后加入了巴拉蒂那学院。自 817 年起，他担任查理大帝的秘书和他的儿子洛泰尔的家庭教师，开始了他的政治生涯。他是著名的《查理大帝传》的作者，这本书被认为是查理大帝的第一本传记。本笃会修道士拉巴努斯·莫鲁斯（Rabano Mauro）的大部分工作是教学，他撰写了有关道德和语法的各种著作，他将这些著作收集在《教会评论》（In Ecclesiasticum commentarii）、《论宇宙》（De rerum naturis）和《敬奉圣十字架》（Liber de laudibus sanctae crucis）诗集中，这些诗证明了他对拉丁语语言和韵律的熟练掌握。

瓦拉弗里德·斯特拉博（Walafrido Estrabón，809－849）也很出众，他是拉巴努斯·莫鲁斯的门徒，虔诚者路易的儿子秃头查理的家庭教师。838 年，他被任命为赖兴瑙岛的修道院院长，被日耳曼人路易驱逐，并于 842 年复职。他创作了很多诗歌，收录于《花园的照料》（De cultura hortorum）、《狄奥多里克大帝形象》（De imagine Thetrici）、《教会之书》（Liber de ecclesiasticis rerum）

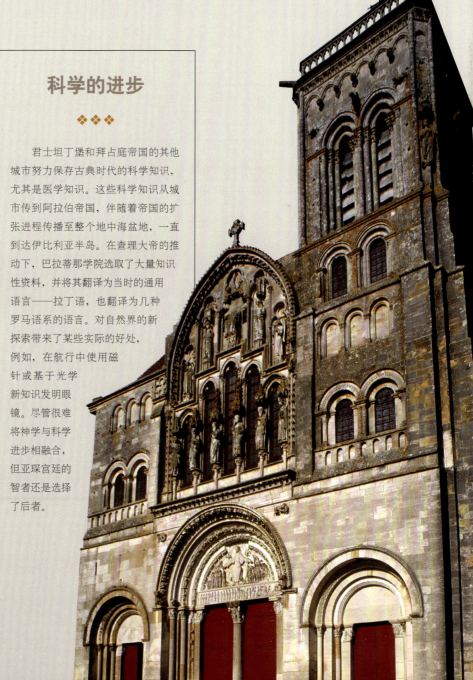

❖　法国韦兹莱圣玛德莱**大教堂**是一座典型的加洛林式建筑，于1112年焚毁后重建。

和一些被罗马神化的圣徒传记中。

塞杜留斯·斯科特斯 (Sedulio Escoto) 和约翰内斯·司各特·爱留根纳 (Juan Escoto Eriúgena) 同时抵达亚琛，定居在列日。哈特加尔主教 (Hartgaire, 840–855) 将塞杜留斯留在圣兰伯特学校任教。他精通希腊语、拉丁语、阿拉伯语和希伯来语，拥有百科全书般的学识，是语法学家、哲学家和《圣经》诠释家。作为杰出的诗人，他创作了宫廷诗《玫瑰与百合的辩论》(Debate entre la Rosa y el Lirio)，这是著名的游唱诗人抒情诗的开山之作。

厄莫杜斯·尼格卢斯 (Ermoldo el Negro, 790–843)，阿基坦尼亚的修道士，在布列塔尼战役中护卫皇帝虔诚者路易的儿子丕平一世。他被宫廷驱逐后，在斯特拉斯堡隐居，并于827年在这里写了一首挽联诗《纪念虔诚者路易》(In honorem Hludowici Imperatoris)，以此悼念皇帝。诗中讲述了以法兰克人征服巴塞罗那而告终的军事战役。他还模仿奥维德 (Ovidio) 创作诗歌，献给丕平一世。

然而，最具政治影响力的作家是兰斯大主教因克马尔 (Hincmar, 835–882)，他在法兰克王国中的角色类似于西哥特王国中的圣依西多禄。在帝国权力瓦解时，因克马尔为秃头查理起草了一部包含宫廷运作规则的《宫廷统治论》(De regis persona et regio ministerio)。在这些著作和其他文章中，他重复了圣哲拉旭一世 (San Gelasio) 的教义，该教义坚持祭司地位高于贵族。

科学的进步

❖❖❖

君士坦丁堡和拜占庭帝国的其他城市努力保存古典时代的科学知识，尤其是医学知识。这些科学知识从城市传到阿拉伯帝国，伴随着帝国的扩张进程传播至整个地中海盆地，一直到达伊比利亚半岛。在查理大帝的推动下，巴拉蒂那学院选取了大量知识性资料，并将其翻译为当时的通用语言——拉丁语，也翻译为几种罗马语系的语言。对自然界的新探索带来了某些实际的好处，例如，在航行中使用磁针或基于光学新知识发明眼镜。尽管很难将神学与科学进步相融合，但亚琛宫廷的智者还是选择了后者。

❖ **彩色玻璃窗技术** 是加洛林文艺复兴时期最先进的技术之一。右图为沙特尔大教堂的大窗户。

加洛林小写体

"加洛林小写体"或被称为"卡罗琳小写体"的字体，是加洛林王朝最伟大的文化成就之一。它的产生和发展使拉丁字母可以更容易地被众多地区的识字阶层辨识。在9世纪至13世纪，它在查理大帝帝国广泛推广使用。在加洛林文艺复兴时期，无数的异教古籍、基督教古籍和科学资料、教育材料都用这种字体抄写。加洛林小写体逐步演变成哥特体，尽管它后来变得过时且很少使用，但它是许多现代字体的基础。

关于加洛林小写体的起源有很多种说法，但没有最终定论。坚持罗马起源说、法兰克起源说甚至多民族起源说的人认为，这种字体不是一个具体地点或团体的产物，而是广泛的、具有普遍性的文化运动的结果，例如，发生在查理大帝时代加洛林文艺复兴时期的文化运动。在这一阶段，由于鼓励新的普遍主义政治和宗教秩序的产生，因此，需要更加实用的抄写字体应对书写需求，例如，加洛林小写体。这一字体从某种程序上来讲是由亚琛宫廷精心创造的，目的是提供一个合适的工具，作为文化统一和传播的要素。

加洛林小写体清晰而统一，更加规整、易于辨认。首字母明显放大和单词间刻意保留空格，成为加洛林小写体的书写标准。

统一和冲突

最初，在8世纪末到9世纪初查理大帝统治期间，加洛林小写体在不同地域间不断变化。到了9世纪中叶，在贸易交流热潮的推动下，字体的地域形式开始趋向国际标准形式，字母形式的变化越来越少。12世纪，加洛林小写体的字母变得更加棱角分明，字母间的距离更近，愈发难以辨认。

加洛林文艺复兴时期，抄写员用新字体重新抄写了许多完全被遗忘的罗马文字。我们对古典文学的大部分了解都来自查理大帝时期的副本。仅在8世纪和9世纪就有7000多篇流传下来的用加洛林小写体写成的文稿。尽管加洛林小写体后来被哥特体所取代，但它对文艺复兴时期的人文主义者来说，仍然是"经典的"。人文主义者将那些加洛林王朝的文稿当作原始的罗马文稿，在加洛林小写体的基础上创立了文艺复兴时期的字母，这样的传承直至15世纪的书籍印刷工，比如，来自威尼斯的阿尔杜斯·马努提乌斯（Aldus Manutius）。因此，加洛林小写体成为许多现代印刷字体的基础。

教会音乐的演变

尽管现在的中世纪宗教音乐是在公开场合演奏的，而且观众是不同宗教的信徒或大部分是世俗人士，但在中世纪，这些音乐作为教会仪式的一部分演奏，仅仅是信仰的表达。修道士的吟唱基本是单音音乐，由教宗圣额我略一世汇编而成，直到 11 世纪初，才因加入和声而使形式变得更加丰富。音乐艺术的发展得益于运用其他音色、形式、旋律的演唱，而男高音仍保持着基本的音调。和声艺术的发展促进了复音作品的出现，其中，宗教音乐的功能因其自身的美学价值而得以丰富。这种演变并非轻而易举，因为它面临着巨大的神学争议。在新的音乐形式中，教会的许多成员仿佛看到了恶魔般的危险和罪恶的根源。但这些保守思想并不能阻挡新的艺术发展潮流。实际上，艺术的发展得益于听众的扩大。出现在公众舞台上的吟游诗人和游唱诗人，让音乐离开修道院的封闭区域，移至街道和世俗世界。

❖ 教会音乐由单音音乐发展为复音音乐。上图为 13 世纪手抄古籍中演奏阿方索十世 (Alfonso el Sabio) 的作品《圣母玛利亚歌曲集》(Cantigas de Santa María) 的图像。

罗马式艺术

　　罗马式艺术是11世纪、12世纪和13世纪部分时期，盛行于欧洲的主要艺术风格。它融合了基督教艺术，并从中世纪早期使用的各种表现形式和技巧中汲取养分，如罗马、拜占庭、日耳曼和阿拉伯。罗马式艺术体现了一种连贯性的美学方式，尤其是在建筑和造型艺术方面。它不是某个国家或地区的产物，而是在意大利、法国、德国，特别是加泰罗尼亚，几乎同时或先后出现的。尽管不同地区各具特点，但因拥有足够的统一性被认为是欧洲模式的第一种国际风格。◆

半圆形后殿　位于教堂后面突出的部分，包括主祭坛区域的圣坛。其内墙通常用壁画装饰，壁画是宏伟的基督全能者画像。

罗马式教堂特征图解

拉丁十字形平面

　　这种设计是典型的罗马式，西班牙的圣地亚哥－德孔波斯特拉主教座堂就是这种样式。除了中殿和偏殿，还包括位于前部的一个或多个半圆形后殿和一个横向的殿，叫作侧堂。罗马式教堂顶部多为圆顶和一个或多个钟楼。

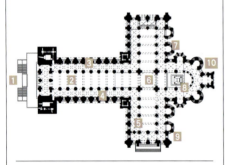

1. 正门
2. 中殿
3. 偏殿
4. 偏殿
5. 侧堂
6. 翼部
7. 教堂半圆室
8. 祭坛
9. 侧门
10. 半圆形后殿

基督全能者画像　罗马式教堂用仿古壁画装饰，壁画不采用透视法，色彩鲜艳。壁画的内容包括圣徒的生活、圣书或基督全能者画像。"Pantocrátor"在希腊语中意为"全能的"。

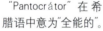

雕塑　具有与绘画相同的精神和美学特征，但仅限于装饰门和塔尖。法国圣托菲姆教堂西门的门楣雕塑就是一个例子，上面刻有基督全能者形象和"最后的审判"场景。

罗马式建筑

　　1000年前后，经济发展促进了人口增长。随着疆域的不断拓展以及新贸易路线的开辟，增加了朝圣之路，一股真正的建设热潮席卷整个欧洲。不同国家的形成、教会的巩固、伊斯兰教扩张受到制约，以及罗马语系的发展均导致了新的建筑风格出现。

教堂半圆室　在这种建筑中，后殿的两侧是两个半圆室，中间有祈祷室，即三重后殿。

半圆形拱门

　　早期的罗马式教堂，由于采用木质屋顶很容易失火，因此开始强制推行石制拱顶，在半圆形拱门的基础上建造。后来，在哥特式建筑中，这些拱门被尖形拱门取代。

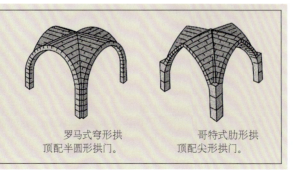

罗马式穹形拱顶配半圆形拱门。

哥特式肋形拱顶配尖形拱门。

中殿　早期的罗马式教堂由三个中殿组成。木制屋顶由壁柱支撑，壁柱通过半圆拱顶连接在一起。

钟楼 方形的设计属于"前罗马式",其特点受伦巴第建筑师的影响。

一些罗马式建筑瑰宝

在罗马式建筑的代表作中,值得一提的有比利时圣母主教座堂、法国普瓦捷大圣母院、英国温彻斯特大教堂、德国施派尔主教座堂、沃尔姆斯大教堂和美因茨大教堂。由于罗马式风格的独特性,以下四个教堂各具特色:

比萨主教座堂
地点:比萨(意大利)
年代:11 世纪至 12 世纪

圣地亚哥－德孔波斯特拉主教座堂
地点:圣地亚哥－德孔波斯特拉(西班牙)
年代:11 世纪至 12 世纪

玛丽亚拉赫修道院
地点:莱茵兰(德国)
年代:11 世纪

波多诺伏的圣母教堂
地点:安科纳(意大利)
年代:11 世纪

拱顶内部

罗马式教堂的中殿和侧堂都被筒形拱顶覆盖,另一部分的半圆形后殿和教堂半圆室之上是"扇形拱券",方形空间被"交叉拱顶"覆盖。为了突出宗教庄重的气氛,罗马式教堂内的光源很少。光线从小孔射入,教堂内总是很昏暗,只有蜡烛的火焰可以照明。

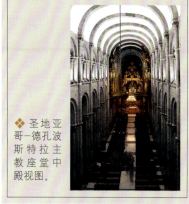

❖ 圣地亚哥－德孔波斯特拉主教座堂中殿视图。

门 通常很小,它代表了信徒在黑暗与光明之间行走的道路的转折点。太阳先照亮东方(半圆形后殿),随着时间的流逝最终照亮了西方(门)。

加洛林艺术

查理大帝及其朝臣推动的艺术繁荣为欧洲艺术赋予了新的活力，在此之前，受西罗马帝国衰落和日耳曼人入侵的影响，欧洲艺术已衰落到了极点。建筑、绘画和雕塑通常被认为是加洛林文艺复兴时期的三大支柱。◆

圣德尼圣殿的中殿

圣德尼圣殿

4世纪，在如今圣德尼大祭坛的位置是一座墓园。5世纪，圣女吉纳维芙（Santa Genoveva）买下了此地及毗邻的土地，并主持建造了一座教堂，该教堂在墨洛温时代两度扩建。630年左右，人们将巴黎的第一任主教圣德尼的遗体重新安葬于此。750年左右，加洛林王朝的矮子丕平下令在此建造新圣殿，新建的教堂有三个中殿和一个侧堂。12世纪上半叶，胖子路易（Luis VI el Gordo）和青年路易的参谋、修道院院长阿伯特·苏格（Abad Suger）下令拆除加洛林王朝的教堂，然后在原址建造了一座哥特式教堂。

细密画艺术

加洛林细密画的特点是流派众多。最主要的流派是宫廷派，知名代表作是《加冕福音书》。根据传说，奥托三世（Otón III）在查理大帝遗体的脚下发现了该作品。阿达派也比较出众，大量使用黄金和白银进行创作。图尔派的创作灵感来自查理大帝的亲戚阿尔琴，其最重要的作品是《秃头查理第一部圣经》。

向上 拱顶采用十字尖拱技术，这可以使柱子承受的重量更加均匀。得益于这项技术，建筑高度得以提升，克服了罗马式教堂的扁平特征。

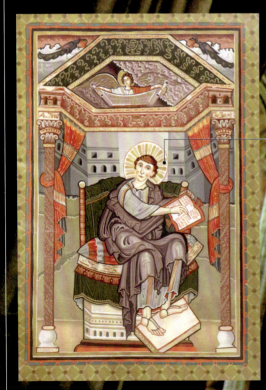

人像头部后面的平面光环是罗马艺术延续拜占庭艺术的仿古痕迹。哥特艺术注重构建立体感，因此发展出透视技巧。

这些**小圣堂**通过一个个扶壁柱连成一排。这样，每个小圣堂都可以通过装饰有彩色玻璃的大双扇窗户接收光线。

◆ 800年加洛林细密画中的圣马太（San Mateo）。

抄写员形象的浅浮雕品

抄写员的工作

　　加洛林文艺复兴催生了大量由修道士负责的古籍抄写工作。大量作品被翻译，尤其是希腊语作品。尽管阿拉伯帝国被视为基督教世界的主要敌人，但许多最初以阿拉伯语撰写的文本也被翻译成拉丁语。翻译作品主要是与农业有关的科技内容，查理大帝对农业复兴无比热衷。

镶边被天使形象的浅浮雕所覆盖。透过其仿古特征，可在天使形象中看到拜占庭的痕迹。实际上，人物并不具有引人回忆现实的目的，只是一种道德影响。

圣德尼修道院院长阿伯特·苏格对加洛林王朝的旧教堂进行了翻新，为突出圣德尼的圣物，他将它们放置在新的祈祷处。为了获得更好的采光，必须增加窗户的高度。苏格决定完成其主教管区主教堂的建造，并参考了桑斯主教座堂的早期哥特式建筑的设计。

圣托菲姆教堂浮雕雕塑

雕塑和金银饰品

　　加洛林雕塑仅用于装饰塔尖，石头取代了大理石，在塔尖占据了主要地位。在实用性艺术中，具有拜占庭风格的珐琅金银饰品脱颖而出。那个时代保留下来的物品有很多是值得一提的，比如圣福瓦教堂（康克斯教堂）的圣物盒、米兰圣安波罗修教堂的黄金祭坛（850 年左右）、塔西洛圣杯（克雷姆斯明斯特修道院）、《林道福音书》的封面、蒙扎大教堂的宝藏以及伦巴第铁王冠。

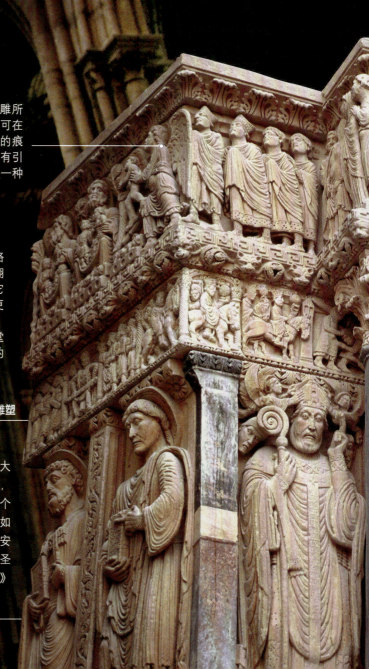

哥特式教堂

随着哥特式建筑的出现，特别是大教堂的兴起，成就了西方建筑界为人熟知的最激进的风格突破之一。设计革命发生的原因是中世纪关于知识和真理的思维方式发生了变化。罗马式建筑坚厚敦实，哥特式建筑则细高灵巧。12世纪和13世纪时，圣奥古斯丁捍卫的柏拉图唯心主义哲学思想失败，柏拉图哲学是中世纪早期基督教教义的哲学基础。知识分子和艺术家在感官经验基础上重拾亚里士多德的哲学思想。◆

教堂模型图解

哥特式教堂平面图

12世纪至14世纪建造的教堂通常如下面的平面图所示，中殿被或多或少地加长。在欧洲教堂中，以下城市的教堂尤为突出：意大利锡耶纳、米兰和佛罗伦萨；法国斯特拉斯堡、沙特尔、巴黎和兰斯；英国坎特伯雷和伊利；西班牙托雷多、布尔戈斯、莱昂、塞维利亚和哈恩；德国纽伦堡和科隆；比利时布鲁塞尔和布鲁日，奥地利维也纳。

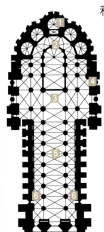

1. 教堂半圆室
2. 回廊　5. 中殿
3. 翼部　6. 偏殿
4. 侧堂

新架构

随着哥特式建筑的出现，罗马式建筑的对称平衡、规则性和几何性就被取代了。建筑师不再拘泥于使用如圆形和方形等规则图形进行建造，他们可以作为工程师而不是几何学家自由地创作。

扶壁突出墙面并与墙面相连，起到加固的作用，保证建筑的稳定性和坚固性。这种方法确保了在增加教堂高度的情况下，建筑不会出现倒塌或破裂的危险。

玫瑰窗是指正门上方直到拱顶侧边的圆形大窗户，窗户内镶嵌着美丽的彩色玻璃。通常，玫瑰窗上有圣母玛利亚、基督、使徒和圣徒的形象。

尖拱比罗马式半圆拱更轻巧，更有活力，并且通过抵消建筑的重量增强其坚固性。

石匠

石匠使用锤子敲击錾子，精准地雕刻方形石灰石块。当然，有时也会用嵌入楔子的方法，分割石块后再用泥黏合。随着建筑升高，脚手架也会不断升高，石块用采石场的吊具吊起使用。

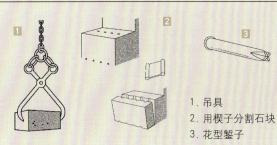

1. 吊具
2. 用楔子分割石块
3. 花型錾子

塔尖 塔顶造型优美的塔尖除了起到装饰作用,它的重量还有助于抑制应力。文艺复兴时期在塔顶上安装大比例时钟十分流行。

肋架拱顶 由尖拱交叉后组成,这种拱顶覆盖了两面墙或几个支柱之间的空间。

玻璃艺术

将玻璃熔化后吹塑并切成小块,用连铁接头的钢刀布擦拭,使其平滑,接着涂上阿拉伯胶、玻璃粉和化学染料描绘着色。绘好图案通过烘烤固色,然后将各部分拼接在一起,并在工作台上完成镶嵌组合(铅条接缝)。

❖ 用玻璃管吹玻璃,然后将圆柱体切开并展开。

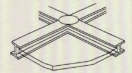

❖ 通过镶嵌调整玻璃板,镶嵌是铅条接缝的技术名称。

大窗户 彩色玻璃窗具有极大的美感和深厚的宗教意义,而且使大教堂光线更好,增加庄重感。几乎所有人都致力于在上面重现《圣经》中的相关场景。

中殿 教堂的这一区域位于正门和翼部之间,远大于偏殿,可以说,这个地方是整个建筑的中心。

关于高度和重量

哥特式教堂的高度是一个建筑奇迹。大多数哥特式教堂高度超过 100 米,这得益于地基的深度超过 10 米,也借助了尖拱或飞扶壁将中央塔楼的重量向下传递。

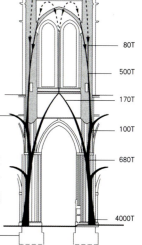

80T
500T
170T
100T
680T
4000T

哥特式艺术

　　形容词"哥特式"于16世纪由意大利人乔尔乔·瓦萨里（Giorgio Vasari）首次使用。这个伟大的历史学家之所以用这样一个贬义词术语，是想把中世纪艺术定义为"哥特人"，或者说是"野蛮人"独有的艺术，而不是把文艺复兴时期作为美的典范所推崇的古典艺术。今天，哥特式艺术被人们公认为一种独特的风格，在欧洲，它从12世纪中叶发展至文艺复兴"革命"。作为一种强调精准的美学，它起源于法国并传至整个西方。◆

人文主义 哥特式绘画试图传达更多的情感和人性，为此将人物置于三维空间里。通过引入中心透视法，将所表现的空间构成一个整体，在这个整体中，旁边的元素解释并赋予了主题更多的内涵（上图为乔托画作《哀悼基督》）。

"秩序的确立"，乔托14世纪画作

绘画

　　在绘画领域，哥特式风格出现于1200年前后，也就是哥特式建筑和雕塑出现近半个世纪后。在罗马式艺术中，人物形象基于一个崇高的被简化和理想化的象征性内容，而在哥特式绘画中，现实主义程度有所提高。哥特式画家从日益流行的写实主义出发，倾向于模仿自然，以这种方式超越了具有文艺复兴时期特点的风景画。

变化 对透视法和立体感的追求符合当时流行的哲学新趋势。尤其符合通过阿威罗伊主义以及亚西西的圣方济各的人文主义对亚里士多德思想的重拾。

比萨主教座堂

　　比萨主教座堂有五个殿，平面为拉丁十字，建于11世纪和12世纪，由于其内部大量铺设白色大理石，使其光线充足而闻名。从这个意义上说，比萨主教座堂标志着欧洲艺术从罗马式到哥特式的过渡。教堂内引人注目的是源自16世纪位于半圆形后殿的基督全能者形象，以及乔凡尼·皮萨诺（Giovanni Pisano）的佳作——讲道坛。

◆ 比萨主教座堂侧视图，意大利。

圣母玛利亚和圣婴耶稣

空间感

　　哥特式雕塑诞生于 12 世纪中叶教堂的墙壁上，当时修道院院长阿伯特·苏格下令建造圣德尼圣殿，该圣殿被认为是第一座哥特式建筑。后来，它从一种狭长而僵硬的风格，甚至部分为罗马式的风格，转变为 12 世纪末的空间和自然主义的韵味。受到希腊和罗马雕塑的影响，雕塑的面部表情和姿势融入了那时的风格。

圣若望洗礼堂，位于奇迹广场

圣若望洗礼堂（比萨）

　　建于 1152 年，由建筑师迪奥提撒威 (Diotisalvi) 设计，一楼装饰有大型盲拱门，二楼有连拱画廊，三楼有双扇窗户。从 13 世纪开始增加被圣人和先知雕像装饰的哥特式尖顶、尖塔和山墙。圣若望洗礼堂预示着文艺复兴的开始，突出展现了尼古拉·皮萨诺的美学技巧。

木版画　这些画作出现在 13 世纪意大利的教堂，并传播至整个欧洲，因此，15 世纪中叶时木版画成为主要形式，甚至取代了彩色玻璃窗。

细密画　泥金装饰手抄本是哥特式绘画保存最完整的资料。大多数的细密画家是专门从事这项艺术的修道士。因此，明显存在一系列不同的、多样化的风格。

壁画　与罗马式相同，哥特式壁画继续被作为教堂墙壁上绘画叙事的主要方式。从这个意义上说，壁画没有装饰作用，而是起到了德化和教化的作用。

书法艺术

在中世纪，将装饰精美的首字母放大十分常见。它们不仅视觉美观，更重要的是突出了段落开头。由于礼拜仪式书经常在只有昏暗蜡烛照明的修道院内阅读，对修道士来说，找到某一段落非常困难，因此，首字母放大大量存在于礼拜仪式书中，多姿多彩且直观醒目的首字母放大有助于修道士快速找到位置。如此便发展出一种极具美感的艺术形式。◆

在最古老的罗马手稿中，因为使用了所谓的"连续文字"，单词之间没有空格。查理大帝本人鼓励书法的精美，允许将单词分开，并通过放大首字母将不同的段落区分开。上图为《圣额我略一世和抄写员》象牙浅浮雕品。

墨洛温王朝手稿中放大的首字母"R"

首字母放大

首字母放大的装饰功能开始占据主导地位，直到它们成为真正的艺术品。由高级神职人员专门负责的泥金装饰手抄本名望甚高。这种艺术逐渐在世俗群体中赢得了声誉，并受到贵族成员的高度赞赏。"细密画画家"或书法"美化师"成为不同于抄写员的职业，而此前抄写员在手抄古籍的制作方面可谓独一无二的存在。

14世纪手稿中放大的首字母"B"

传奇故事

十字军东征的事迹在欧洲各地流传，并通过无数的故事吸引了公众关注。中世纪流行的史诗是修道士在修道院中写下的，这些故事得到了人们的广泛认可，刺激了手抄古籍的创作，并促进了插图的发展。描写基督教骑士与阿拉伯帝国的战斗场面，以及传说中的领主之间的决斗，采用放大装饰首字母的方式，具有写实主义特点和鲜明生动的色彩。"美化师"不再是宗教人士专有的职业，很快就出现了凝聚这些工匠的行会。

细密画 书法美化师起初是复制《圣经》里的场景，但随着艺术在世俗群众中逐渐获得声望，他们的创作变得更有活力更多地远离宗教题材，只不过这是一个缓慢的转变过程。左图绘制的是于格·卡佩和圣比尔佐(San Valerio)。

插图叙述

手抄古籍中的插图不仅为了装饰，还帮助大多数识字不多或不识字的读者置身于书中。应当注意的是，只有下层神职人员中的修道士才掌握写作和阅读，因此这些插图作为叙述指引。出于同样的原因，插图也极为逼真，达到了朴素艺术的水平（如左图所示）。

◆ 保卫瓦尔特堡（德国）。

Libellus de batallia fac

吟游诗人 是史诗的传播者。他们逐个村镇巡回演出，在城堡郊区公众面前吟诵史诗。民间只保存下来部分长诗，并利用这些片段创作了歌谣集。

随着 文艺复兴的发展，书法不仅伴随着插图，其本身也演变成多种形式的插图。

章节起始 装饰放大的首字母具有独特的象征含义。最常见的与大自然有关，尤其与树干、树枝和树叶有关，是对自然的重新发现。

ccunges dex axualcnaa

博物馆

　　重建西罗马帝国是加洛林王朝崛起的最强动机之一，其主要目标是在罗马教会的领导下统一西欧，罗马教会被认为是这一伟业的精神中心。实际上，它只是构建了一个统一大业的思想基础，而统一面临着巨大的民族和地区现实差异的挑战。在实现普遍理想中的文化统一时，不接纳不同的思想和美学是无法想象的。当然，西方涉及大面积领土扩张的想法直到今天仍受到质疑。欧洲各地区的许多博物馆内都收藏了加洛林世界的代表性藏品。◆

加洛林王朝骑士的盔甲

索洛图恩的老军械库博物馆

　　老军械库博物馆是法国索洛图恩市（现属于瑞士）最具标志性的建筑之一，该市曾是附属于法兰克王国的城邦国家。

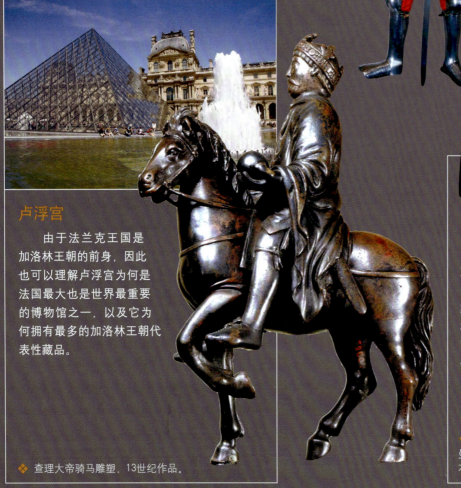

卢浮宫

　　由于法兰克王国是加洛林王朝的前身，因此也可以理解卢浮宫为何是法国最大也是世界最重要的博物馆之一，以及它为何拥有最多的加洛林王朝代表性藏品。

❖ 查理大帝骑马雕塑，13世纪作品。

日耳曼国家博物馆

　　在其拥有的 500 多件加洛林时期的艺术藏品中，值得一提的是手抄古籍的收藏，突显了在加洛林时期的各修道院实践启蒙艺术的成就。该博物馆位于纽伦堡市。

❖ 巨大的耶稣受难像是日耳曼国家博物馆加洛林宗教艺术收藏的一部分。

大英博物馆

伦敦大英博物馆是英国最大的博物馆，也是全世界最著名的古董博物馆之一。自 1759 年开放以来，只在两次世界大战期间闭过馆，参观者从每年 5000 人次增长至 500 万人次，是世界上参观人数最多的博物馆之一。它的价值在于拥有世界各大洲超过 700 万件藏品。馆中有几个展厅用于展示加洛林艺术。

❖ 上图是伦敦大英博物馆正面；下图是《圣诗集中的基督》（Cristo del salterio），是加洛林王朝艺术最具代表性的作品之一。

亚琛主教座堂

坐落于德国亚琛市的帕拉丁礼拜堂被视为加洛林艺术的标志性建筑，起初，它是查理大帝于 8 世纪末下令修建的冬宫内的私人教堂。这座教堂是北欧最古老的教堂，因其重要的价值成为第一批世界遗产名录的 12 个地方之一。它的礼拜堂建于 8 世纪，是后来大批建筑群的开端。

❖ 德国亚琛帕拉丁礼拜堂内加洛林艺术的代表性雕塑细节图。

加洛林王朝战士骑马雕像

普希金博物馆

该博物馆建于 1912 年，就重要性来说，在所有展览欧洲艺术的俄罗斯博物馆中位居第二。它坐落于莫斯科中心，离克里姆林宫不远，于 1937 年改为现在的名字。博物馆内现存超过 50 万件藏品，其中最突出的就是加洛林艺术收藏。

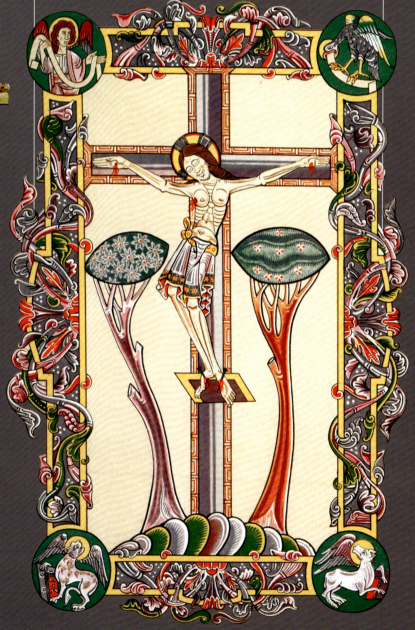

纪年表

加洛林王朝由法兰克国王查理大帝建立。在政治、宗教和文化领域，他致力于对罗马伟大遗产的恢复，他认为自己是罗马的继任者。由于大帝已经将基督教作为官方宗教，因此他与罗马教会建立了牢固的联盟。此后，他致力于遏制自 5 世纪以来席卷西欧的侵略浪潮，兼并和基督教化是他的政治目标。为了巩固王朝政治，他推动学校、图书馆和教育体系的建立。◆

5 世纪

476

西罗马帝国陷落，罗慕路斯·奥古斯都皇帝被推翻，"蛮族人"奥多亚塞统治了几乎整个意大利。

477

盎格鲁－撒克逊人和朱特人入侵英格兰。圣希多尼乌斯·阿波利纳里斯（Sidonio Apolinar）及其军队与日耳曼侵略者共谋大业，将奥弗涅交给日耳曼侵略者。

481

法兰克国王希尔德里克一世（Childerico）去世，他的儿子克洛维一世继位。

482

芝诺颁布了一项宽容敕令，目的是调解正统天主教徒和基督一性论派之间的争执，但被查士丁一世（Justino I）废除。

486

西哥特国王尤里克的统治结束。亚拉里克二世（Alarico II）继位，定都托洛萨。

488

狄奥多里克一世占领意大利半岛。493 年他征服拉文纳，俘获并杀死奥多亚塞。东哥特人从赫鲁利人手中夺取了意大利的控制权。尽管狄奥多里克一世赞同阿里乌派，但还是容许天主教会存在。

约 498

克洛维一世皈依天主教。

6 世纪

506

亚拉里克二世颁布了《亚拉里克法律要略》，这是西哥特首批法典之一。

507

克洛维一世在武耶击败西哥特人。亚拉里克二世在战斗中去世。阿马拉里克（Amalrico）统治下的西哥特人离开法国，前往西班牙。

523

波爱修斯撰写《哲学的慰藉》（La consolación de la filosofía）。

525

狄奥尼修斯·伊希格斯（Dionisio el Exiguo）计算耶稣的诞生日期，并以此修改了罗马创立的罗马日历。

529

查士丁尼一世下令让特里波尼亚努斯（Triboniano）汇编罗马法并编写一部法典。由柏拉图创办并存在了 9 个世纪的柏拉图学院关闭。努西亚的圣本笃（Benito de Nursia）建立了蒙特卡西诺修道院。

533

拜占庭将军贝利撒留（Belisario）征服了非洲北部的汪达尔王国。

553

拜占庭人征服意大利。

568

伦巴第人入侵意大利，逼退拜占庭人，并在半岛上建立了自己的王国。

573

圣高隆邦（Columbano）开始在欧洲大陆建立爱尔兰修道院，与罗马教会发生冲突。

❖ 13 世纪威尼斯手稿中的插图，绘有查理大帝和他的女儿，以及英雄罗兰（下图）。

皇帝大权在握
集权的现代化结构

帝国的最高掌权者是皇帝，只有他可以召集军队、管理司法和任命统治领土的贵族。宫廷监察人员（或称为巡查钦差）负责监督侯爵和伯爵的统治不偏离皇帝设定的路线。为此，他们结对在帝国广袤的土地上巡视和视察。宫殿是宫廷的所在地，是政府的核心，由一名侍臣领导，侍臣是法兰克王国曾经存在过的宫相的继任者。侍臣监督负责仓库的保管员；负责骑兵和战马的元帅；负责宫廷事务的宫廷总管。总理府负责民众和教会事务，王家法庭负责对帝国居民执行法律。

585

西哥特王国的天主教徒和阿里乌教派之间展开内战。西哥特人征服了苏维汇王国，并在西班牙扩张。

589

西哥特国王雷卡雷德一世（Recaredo）皈依天主教。

590

圣额我略一世教宗统一了天主教仪式，为了纪念他，创作了"额我略圣咏"。

7 世纪

614

克洛泰尔二世（Clotario）的敕令限制了国王、封建领主和天主教会的权力。

636

塞维利亚的圣依西多禄撰写了《词源》（Etimologías）。在雅莫科之战中，穆斯林击败了拜占庭人，迫使他们从叙利亚撤军。

642

《伦巴第敕令集》（Edicto Longobardo）是伦巴第王国第一部法典。

653

西哥特国王拉斯文思（Recesvinto）与罗马西班牙人确立和平共处的原则，并颁布了确定两民族平等的法律。

664

惠特比宗教会议召开，会议中凯尔特人屈服于天主教会。

678

位于荷兰的弗里斯兰人皈依基督教。

686

最后一个盎格鲁 - 撒克逊异教王国萨塞克斯王国皈依基督教。

687

丕平二世担任法兰克宫廷宫相职务。

约 686

穆斯林人在塔里克（Tarik）和摩西（Muza）的率领下穿过直布罗陀海峡，击败西哥特人，向伊比利亚半岛进发。

8 世纪

718

阿斯图里亚斯国王佩拉约（Pelayo）在科瓦东加战役中逼停了穆斯林前进的脚步。

719

查理·马特进攻撒克逊人。730 年，查理·马特打败阿勒曼尼人。

731

圣比德（Beda el Venerable）在英格兰传播基督教，撰写了《英吉利教会史》（Historia eclesiástica de los ingleses）。

732

查理·马特在普瓦提埃战役中击败了穆斯林，阻止了阿拉伯帝国向欧洲其他地区的进犯。

739

阿方索一世（Alfonso I）担任阿斯图里亚斯国王。威尼斯公爵政府的统治开始了。

747

矮子丕平成为法兰克宫廷的宫相。

❖ 圣额我略二世（715–731 年在位）为抵御伦巴第人的进犯加固罗马城墙，同时试图对拜占庭的总主教发号施令。

势不可挡的封建制趋势
贸易路线的变迁

查理大帝（742-814）在与拜占庭帝国的冲突中继承了欧洲，此时欧洲正在遭受日耳曼人及阿拉伯帝国的侵略，而伊比利亚半岛的大部分已落入阿拉伯帝国手中。持续不断的战争导致葡萄酒或盐的商贸往来减少，阻断奴隶贸易，以及从东方运来的少数奢侈品。尽管当地小型简陋的市场得以幸存，但货币流通却变得缓慢而不足。随着查理大帝帝国的扩张，情况开始好转。贸易重新活跃起来，战败人民的赋税和战利品成为贸易活动的资本。但是，封建制度的碎片化特征是无法克服的。查理大帝逝世后，帝国随之解体。

751

伦巴第国王埃斯托夫（Astulfo）占领拉文纳。矮子丕平在苏瓦松被加冕为法兰克人的国王，加洛林王朝就这样开始了。

754

矮子丕平在教皇的召集下阻止伦巴第人侵犯，进军意大利并取得成功。教皇加冕其为法兰克人的国王和教会的保护者。

756

矮子丕平最终击败伦巴第人。在伊比利亚半岛，阿卜杜·拉赫曼一世在

巴格达独立，后在科尔多瓦宣布安达卢斯为哈里发统治疆域。

768

矮子丕平去世，他把法兰克王国分给了两个儿子卡洛曼一世和查理曼。

771

查理大帝被加冕为法兰克人的国王。

774

查理大帝最终歼灭伦巴第人，将意大利北部并入法兰克王国，这是加洛林王朝的开端。

778

隆塞斯瓦耶斯隘口战役。

9 世纪

800

查理大帝被教皇加冕为"罗马人的皇帝"。

814

查理大帝去世。虔诚者路易担任加洛林王朝皇帝。

820

维京人攻打并掠夺爱尔兰。

827

阿拉伯人攻打西西里。

838

阿拉伯人掠夺马赛。

839

诺曼底人入侵爱尔兰。

840

虔诚者路易去世，他的三个儿子，洛泰尔一世、

同父异母的兄弟秃头查理以及日耳曼人路易发生冲突。诺曼底人进攻英格兰。

843

签订《凡尔登条约》，最终将加洛林王朝进行以下分割：今法国领土属于秃头查理；今德国领土属于日耳曼人路易；洛泰尔王国（今意大利北部、瑞士和荷兰）属于洛泰尔一世。

845

维京人接连攻打汉堡、巴黎、伦敦、坎特伯雷、法国北部、纳瓦拉和根特等地。

846

阿拉伯人进军至罗马和普罗旺斯附近。

862

马扎尔人（匈牙利人）进攻德意志，留里克（Rurik）入主俄罗斯的大诺夫哥罗德。

866

金发王哈拉尔一世

（Haroldo de Harfagr）统一挪威。

870

签订《梅尔森条约》，秃头查理和日耳曼人路易据此将加洛林王朝原有疆域再次分割，两人瓜分了洛泰尔王国的领土。

871

阿尔弗雷德大帝（Alfred el Grande）成为英格兰国王。

878

阿拉伯人占领锡拉库扎，在整个地中海加强统治。

879

勃艮第王国独立。

884

法兰克的查理三世重新统一了大部分前加洛林王朝的领土，并将维京人赶出英格兰。

885

维京人围攻巴黎。

无休止的侵略打击
阿拉伯帝国和马扎尔人的威胁

9世纪和10世纪,西欧受到新一轮非基督教各民族的侵略。除了穆斯林的进犯,还受到马扎尔人的威胁。阿拉伯第一次大规模入侵于8世纪初结束。穆斯林逐渐在非洲北部、西班牙和高卢南部占领的土地上建立了一系列海军基地。9世纪,阿拉伯帝国几乎统治了整个地中海。他们入侵了欧洲南部的沿海地区,特别是意大利沿海地区,甚至在843年威胁到罗马。马扎尔人是来自西亚的民族。9世纪末,在其他民族的压迫下,马扎尔人迁移到西欧和中欧。他们定居在匈牙利的平原上,从那里开始袭击了整个西欧。10世纪末,他们皈依了基督教,致力于发展农业,并最终定居在匈牙利王国。

888

法兰克的查理三世去世,古加洛林王朝重新统一的大业失败。厄德(Odón)继承法兰克王国的王位,贝伦加尔一世(Berengario)继承意大利王位。斯波莱托的圭多三世(Guido)起兵反抗贝伦加尔一世。

891

斯波莱托的圭多三世在罗马加冕为皇帝。

892

佛兰德斯伯爵领地要求并获得法兰克王国的保护。

896

诺曼底人进驻塞纳河盆地。

898

糊涂王查理三世(Carlos el Simple)继承法兰克王国王位。

899

童子路易被任命为东法兰克尼亚国王。马扎尔人进攻意大利。

10 世纪

905

纳瓦拉成为独立王国。

910

阿基坦尼亚的威廉一世建立了克吕尼修道院,这里数年后成为天主教会内部改革的发源地。

915

马扎尔人长驱直入,直抵北海。

911

法兰克国王糊涂王查理三世与诺曼底首领罗隆(Rolón)签署和平协定。诺曼底人同意在法兰克北海岸定居,成为诺曼底公国,其任务是遏制维京人的袭击。随着童子路易的去世,加洛林王朝的统治也宣告结束。

914

奥多尼奥二世(Orodoño II)被加冕为新任莱昂国王。

922

马扎尔人不断侵扰意大利。

927

厄德成为克吕尼修道院第二任院长,他在任时根据罗马教会的指示重建本笃会。

930

冰岛宣布独立。

936

奥托一世成为德意志国王。"蓝牙"哈拉尔德(Haroldo Diente Azul)自称挪威国王。

951

德意志国王奥托一世入侵意大利半岛,攻打并击败弗留利的贝伦加尔一世,将其废黜后自称意大利国王。

955

奥格斯堡战役后,奥托一世阻挡了马扎尔人的入侵,迫使马扎尔人向巴尔干半岛撤退。

958

克雷莫纳的主教利乌特普兰德(Liutprando)撰写当时欧洲的编年史《针锋相对》(Antapodosis)。

960

丹麦的蓝牙王哈拉尔一世(Haraldo de Dinamarca)皈依基督教。

962

在意大利的战役获胜后,奥托一世被加冕为日耳曼民族神圣罗马帝国的皇帝。

术语表

阿尔比派

　　法国南部的卡特里派异端，因其主要在阿尔比活动而得名，阿尔比是建于1167年的最古老的主教管区。1208年，教皇代表皮埃尔·德·卡斯泰尔诺（Pierre de Castelnau）被谋杀，随后罗马以此为借口组织十字军镇压阿尔比派。尽管教会的军队胜利了，但经过一个多世纪的严酷镇压后，只有宗教裁判所最终彻底根除了阿尔比派。

阿兰人

　　突厥斯坦地区的游牧民族，曾在里海沿岸地区建立帝国，于375年被匈人毁灭。剩余的阿兰人组成部落向西方迁移。在与罗马结盟之后，他们又与西班牙的汪达尔人结盟。

阿勒曼尼人

　　虽然他们自称"斯维汇人"，但该族裔的成员仍被称为"阿勒曼尼人"，意为"全体人"。他们于3世纪开始骚扰罗马帝国的边界，但被法兰克人遏制。他们曾在如今的阿尔萨斯地区定居，臣服于查理大帝。

阿瓦尔人

　　里海北部的古老部落，被土耳其人攻击后，向西欧迁移躲避战乱。他们的侵扰行动一直持续到8世纪末，最终被查理大帝消灭。

班

　　某些依附于匈牙利王国斯拉夫地区的军事负责人（类似边疆爵的职位）。

边镇

　　由负责军事和税收的副长官所管辖的边境领土。因属于边境地区，民族和文化多样性导致这里需要非常严格的立法。

波格米勒派

　　在保加利亚语中，bogo mil意为"上帝所爱"。它指的是10世纪在保加利亚发展起来的二元论异端教派，尽管受到教会迫害，但直到土耳其人迫使其皈依伊斯兰教后他们才逐渐消失。

伯侯封地

　　由伯爵统治的边镇，伯爵拥有能够保卫边境的军事力量。

勃艮第人

　　这些部落源于斯堪的纳维亚半岛，与罗马帝国结盟，定居在莱茵河北部。5世纪末，在里昂和日内瓦之间建立了自己的王国。6世纪，被墨洛温人征服。

布罗

　　位于加洛林王朝边界的防御要塞。

采邑制

　　某些贵族成员拥有的土地所有权。罗马帝国陷落后，农村化进程恰逢土地所有权分裂，当时的土地所有权掌握在罗马旧贵族阶级和蛮族新首领手中。土地所有权重组为封建制度和随之而来的贵族阶级的巩固开辟了道路。

大主教

　　管辖一个教省的主教。在罗马教会中是大主教，在拜占庭帝国的教会中，等级比大主教更高，但他从属于宗主教。

法兰克人

　　自3世纪起，定居在莱茵河中下游地区的日耳曼民族。两个世纪后，他们向罗马帝国进军，定居在古高卢，不久后接受基督教。后来，法兰克王国成为加洛林帝国的前身。

方伯（领主）

　　负责一个省份（land）的伯爵（graf），其他小伯爵领地依附于这个省。

分裂主义

　　教会整体性破裂，尤其是西方教会和东方教会之间的分裂。中世纪的西方教会内部也存在着巨大分歧，例如，与罗马主教合法继承和罗马教皇选举有关的争议。

弗里斯兰人

　　靠近撒克逊和盎格鲁的西部部族，定居在北海南部海岸。一部分弗里斯兰人与盎格鲁和撒克逊人融合，定居在大不列颠岛，另一部分则向法国扩张。

附庸

　　最初指所有的仆役或下属。随着封建制度的确立，附庸成为依附于某些贵族或领主的奴仆的同义词，通常为佃户。

哥特人

　　他们是"蛮族"中最强大的民族之一。376年起，与莱

茵河北部的罗马帝国接触，由于受匈人迫害，于同年寻求庇护。5世纪，西哥特人（西部哥特人）获得了巨大的政治和军事统治权。493年，东哥特人（东部哥特人）在意大利建立了一个王国，一直延续至534年。作为阿里乌教派的两个分支，他们从未获得罗马教会的支持。

公社

　　自11世纪起，出现在意大利北部的市政机构。它建立在其成员对国王或封建领主宣誓效忠的基础上。

宫相

　　源于法兰克王国的职务，以秘书或部长的身份负责管理政府，据称是执行国王制定的政策。这一职务逐渐掌握决定性权力。

归尔甫派

　　指教皇的支持者和王国政体的反对者，或反对独立于天主教会的帝国的派系。

胡斯派

　　1415年，宗教信徒扬·胡斯（Jan Hus）在康士坦斯大公会议上被审判及处决后，波希米亚人开始反对教皇权威和国王权威。

豁免权

　　国王授予领主或主教的法定豁免权，通常指减轻税收负担。

基督一性论

　　这是被罗马教会谴责为异端的神学流派，但在5世纪，被科普特和叙利亚教会所接

受。根据这一观念，基督只有神性，并不是罗马教会所坚持的同时拥有神性和人性。

教区

传统上由教会管理的领土，服从主教的命令，而主教又服从大主教。查理大帝从教会手中夺取了教区的分配权，将其移交给世俗权力，从而确保了君主制对其他任何权力的统治地位。

卡特里派

在希腊语中，katharos的意思是"纯洁的"。这个词被用来表示受波格米勒派教义启发的异教徒。在法国南部，他们被称为阿尔比派，在意大利则被称为帕塔里尼派。

卡特潘

加洛林王朝东部一个省份的首领职位。这个职位一直延续至11世纪，与公爵职位类似。

领主

领地所有者，土地所有者。

伦巴第人

最后进入罗马帝国的"蛮族"部落，直至罗马城。568年，他们在意大利建立了王国，直至774年，因其威胁到教皇领土的完整而最终被查理大帝消火。

蛮族

罗马人使用的希腊词汇，指所有不讲拉丁语也不属于罗马的民族。

墨洛温王朝

因墨洛维而得名，墨洛维是希尔德里克一世的父亲，也是第一位法兰克天主教国王克洛维一世的祖父。墨洛温王朝是法兰克王国的第一个王朝。有些历史学家质疑墨洛维是否真实存在。

骑士

担任国王助手且有军衔的人。后来，这种称呼变成了贵族身份的象征，一个人只有达到一定年龄，并且在战场上表现英勇，才能接受册封，成为骑士。

日耳曼人

罗马人指代所有"蛮族"的通称，即未加入帝国的民族。8世纪，"Deustche"一词在加洛林王朝被用来区分日耳曼人和罗马人。

撒克逊人

3世纪中叶，定居在下萨克森州的民族，是构成英格兰人口的主要民族。

商站

由日耳曼商人经营的贮藏室或商业仓库，作为自己某个商业中心的海外分支机构。

圣像破坏运动

一种反对圣像崇拜的宗教运动，主要出现在东方教会内部，后来传播至罗马教会，一直持续至842年。

十字军东征

自1095年以来，在西欧组织的对近东地区的军事远征，以保护圣地的基督徒及收复阿拉伯帝国掌握的教会圣地为借口。实际上，这意味着利用军事力量打开西方通往东方的贸易通道。

斯维汇人

定居在莱茵河南岸的日耳曼民族，与汪达尔人联手征服了西班牙。当汪达尔人进入非洲北部时，斯维汇人在伊比利亚半岛建立了一个王国，定都布拉加，但他们于585年臣服于西哥特人。

五港同盟的辛克港

因向英格兰国王提供海军服务而享有特权的五个港口之一。其余港口是黑斯廷斯、多佛尔、罗姆尼和海斯。优越的地理位置使它们成为中世纪重要的商贸往来中心。

行会

为捍卫商人或工匠社团的利益而组织的协会。在封建制时期，行会在很大程度上成为现代创新思想的温床。

匈人

来自中亚草原的"蛮族"，向西方前进，引发了日耳曼民族入侵罗马帝国。

许可权

相当于"豁免权"，是王室特许权的成果，一些贵族通常因军功获得此项权利作为特权。

选帝侯

授权某些王子决定国王任命的一种职务。1273年，日耳曼国王的选举权掌握在经济和军事上最有权力的王子手中。1356年，能否成为选帝侯取决于科隆、特里尔和美因茨的大主教，也取决于波希米亚王子、莱茵行宫伯爵、萨克森公爵和勃兰登堡藩侯。

伊斯兰教徒（撒拉逊人）

指在西欧的叙利亚游牧部落，后来成为穆斯林的同义词。

议会

源于法语的词汇，指讨论法律改革或颁布新法律的会议。在英格兰，议会成为皇家法院，最终变成讨论和制定王国政策的机构。

异端

反对天主教会正统地位的神学流派或思想流派。教皇以各种方式与异端斗争，包括极端暴力的方式，如宗教裁判所。征服期间美洲也设立了宗教裁判所，负责扼杀所有异教迹象。

朱特人

定居在肯特、怀特岛和汉普郡某些地区的民族。关于其存在的唯一证据来自圣比德的文章。

庄园

贵族领主的田产，与租赁给农民的土地不同，贵族领主也是所有者。

宗主教

最初指定安提阿、亚历山大和罗马的主教。这个头衔后来引申为耶路撒冷和君士坦丁堡的主教。